Mustafa Efe / Christa L. Bolay

Mein Weg zur Wahrheit

Ein türkischer Journalist entdeckt die Bibel

RB*taschenbuch Bd. 626*

© 2003 R. Brockhaus Verlag Wuppertal
Umschlag: Dietmar Reichert, Dormagen
Gesamtherstellung: Breklumer Druckerei Manfred Siegel KG
ISBN 3-417-20626-X
Bestell-Nr. 220 626

INHALT

Christa L. Bolay

Von Kayseri nach Istanbul

Mustafa Efes Eltern lebten als wohlhabende Teppichhändler in Kayseri, einer Stadt in Mittel-Anatolien. Sein Vater Ali hatte islamische Theologie an der berühmten Islam-Hochschule in Sivas studiert, gründete dann aber ein paar Jahre nach seinem Abschluss ein Teppich-Export-Importgeschäft in Kayseri mit einer Niederlassung in Istanbul. Seine Großeltern mütterlicherseits stammten aus Kurdistan.

Mustafas Vater war ein wohlhabender Mann und besaß eine stattliche Villa in Kayseri. Auch in Istanbul hatte die Familie eine schöne Stadtwohnung. Der Vater engagierte sich neben seinen Geschäften auch politisch und gehörte lange Jahre dem türkischen Parlament an. Außerdem war er ein sehr einflussreicher Gewerkschaftsführer.

Mustafa wurde am 5. Mai 1965 als zweiter Sohn in Kayseri geboren. Nach ihm kamen noch drei Schwestern. Als Mustafa etwa zwei Jahre alt war, zog die Familie für ein paar Jahre aus geschäftlichen Gründen nach Istanbul. Seine Eltern waren strenggläubige Moslems und bestrebt, ihre Söhne im »rechten Glauben« zu erziehen. Und so wurde Mustafa bereits im zarten Alter von zweieinhalb Jahren in eine »Medresa« gebracht, einem islamischen Internat für Kinder.

Koranschule für die Kleinsten

Mustafa durfte als kleiner Koranschüler die erste Zeit nur einmal pro Woche zu seiner Familie nach Hause und später nur noch zweimal pro Monat. In der Koranschule lernten die

Kinder, täglich die fünf vorgeschriebenen Gebetszeiten einzuhalten, das heißt, sie wurden bereits vor Sonnenaufgang zur ersten Gebetszeit geweckt. Ziel der Koranschule war, den Kindern als Erstes den Koran in arabischer Sprache einzupauken.

Dabei brachte man den Kinder zunächst die arabischen Schriftzeichen des ersten Wortes einer Koran-Sure (also eines Koranabschnitts) bei. Dann lernten sie die nächsten Wörter des Satzes, schließlich einen Abschnitt, dann eine ganze Seite auswendig und so Seite für Seite, jeden Tag, von morgens bis abends.

Es gab nur Pausen zu den Mahlzeiten und zur Mittagsruhe. Jegliches Spielzeug war verboten, denn das Lernen hatte oberste Priorität. Man muss wissen, dass der Koran den wahren Gläubigen gebietet, die heilige Schrift des Islam nur in arabischer Sprache zu lesen. Alles andere ist verboten, obwohl es heute natürlich viele Koranübersetzungen in allen Sprachen der Welt gibt und nur wenige »Gläubige« in der Lage sind, ihn auf arabisch zu lesen.

Nach Mustafas eigenen Aussagen hatte er eine traurige Kindheit in der »Medresa«. Doch seine Eltern fanden das völlig in Ordnung und waren stolz, dass ihr Sohn dort den Koran »ordnungsgemäß« in arabischer Sprache lernte. Aber die Kinder fühlten sich dort, so berichtet Mustafa, wie in einem »offenen Gefängnis«.

Als Mustafa fünf Jahre alt war, zog die Familie wieder nach Kayseri. Dort begann dann für Mustafa die Schulzeit. Aufgrund seines Aufenthaltes in der »Medresa« kam er bereits mit fünf Jahren in die Grundschule. Aber auch jetzt hatte er nur wenig Zeit zum Spielen, denn nach dem Halbtagsunterricht musste er im väterlichen Geschäft mithelfen. Man hatte in seiner Familie einfach keine Zeit für Hobbys oder gemeinsame Unternehmungen.

Nach der Grundschule wollte er sich selbst auf einer

weiterführenden Schule anmelden. Um zu erklären, wie wenig Verständnis sein wohlhabender Vater für die eigene Familie zeigte, erzählte Mustafa mir von folgendem Vorfall:

»Für die Anmeldung zu dieser weiterführenden Schule brauchte ich ein Foto von mir. Jedoch kein x-beliebiges, sondern eine Aufnahme, auf der ich bereits mit dem Schulblazer, dem Hemd und der Krawatte dieser Schule abgelichtet war. Ich bat meinen Vater, mir doch bitte diese Schuluniform für das Foto und die Schulzeit danach zu kaufen. Doch mein Vater lehnte das ab. Eine Woche später – es waren nur noch wenige Tage bis zum Anmeldeschluss für diese Schule – bat ich ihn nochmals flehentlich, mir doch das Geld für die Schuluniform zu geben. Doch er lehnte dies wiederum barsch ab. Ich verstand ihn nicht und war ganz verzweifelt. Was sollte ich tun?

Nun muss man wissen, dass mein Vater als strenggläubiger Moslem den Armen in unserer Stadt viele Spenden gab, meist in Sachwerten. So bezahlte er jedes Jahr vielen armen Familien die Schuluniform ihrer Kinder. In meiner Not ging ich zu solch einer armen Familie in der Nachbarschaft, die von meinem Vater für ihre Kinder die Schuluniformen gespendet bekommen hatte. Von diesen Leuten lieh ich mir also eine Schuluniform für das Foto aus, ging zum Fotografen und meldete mich glücklich an, aber natürlich mit einem schlechten Gewissen meinem Vater gegenüber. Als er von meinem ›Streich‹ erfuhr, war er außer sich vor Zorn, und ich bekam viele Schläge. Doch zum Schulbeginn durfte mir dann meine Mutter eine Schuluniform kaufen.«

Der Musterschüler

Mustafa war ein sehr guter Schüler, er lernte leicht und hatte gute Noten sowohl in den naturwissenschaftlichen Fächern als auch in Literatur und Geschichte, für die er sich besonders interessierte. Er schloss das Gymnasium als einer der Besten ab und gewann bei einem Aufsatzwettbewerb den ersten Preis. Dieser Preis beinhaltete eine Einladung von führenden Zeitungen des Landes, bei ihnen zu hospitieren bzw. als Volontär zu arbeiten.

Mustafa nahm diese Chance mit Freuden wahr. Er lernte begierig, um so viel als möglich mitzubekommen, wie es im Zeitungswesen zuging. Natürlich half er, so oft es ging, im väterlichen Teppichgeschäft mit. Auch sein Großvater überwachte seine islamische Erziehung. So berichtet Mustafa:

»Mein Großvater war ein ehrwürdiger Patriarch und sehr stolz auf meinen Vater, ebenso natürlich auch auf seine beiden Enkelsöhne. Aber er misstraute dem modernen türkischen Schulsystem, das Kemal Atatürk eingeführt hatte, sehr. Denn meine Schwestern durften in der Schule kein Kopftuch tragen. Und so meinte der Großvater, für die Mädchen genüge die Grundschule, die weiterführende Schule sei für sie jedoch ›satanisch‹.

Nun sollten mein Bruder und ich bei dem jährlichen Opferfest der Moslems helfen, die dafür vorgesehenen Tiere genau nach den Riten des Korans, das heißt koscher, schlachten. Dabei achtete der Großvater genau darauf, dass nach den islamischen Gesetzen die Armen auch einen Teil des geschlachteten Tieres abbekamen. Mein Bruder aber wehrte sich und meinte, er könne kein Tier töten, es werde ihm dabei übel. Da bestimmte mein Großvater kurzerhand, dass ich das ›ordnungsgemäße‹ Schlachten zu lernen hätte. So musste ich das unter Aufsicht zuerst an einem Huhn üben, dann an einem Lamm und schließlich auch sogar an einem Kalb. Als ich dieses Handwerk regelgerecht beherrschte, durfte ich zum Opferfest nicht nur für unsere Familie das Opfertier schlachten, sondern auch für die Nachbarschaft. Bald war ich so gefragt, dass ich mir jedes

Jahr zum Opferfest ein nettes Taschengeld mit dem Schlachten verdiente.«

Da sein Vater bereits politisch aktiv war, hatte seine Mutter andere Pläne mit ihrem hoch begabten Sohn. Sie forderte ihn auf, sich an der Militär-Akademie in Ankara zu bewerben. Er bestand die strenge Aufnahmeprüfung und blieb etwa ein Jahr dort. Die Hauptfächer waren im ersten Jahr: Türkisch, Geschichte, Kriegslogistik sowie Führung und Leitung der Truppe. Aber mit dem Militärputsch Ende 1980 endete diese Ausbildung abrupt: Sein Vater musste als Oppositionsabgeordneter und Gewerkschaftsführer für acht Monate ins Gefängnis. Mustafa jobbte nun eine Zeit lang in einer Arzneimittelfirma in Istanbul und schrieb auch gelegentlich kleine Artikel für verschiedene Zeitungen.

Doch er wollte unbedingt Journalistik studieren und schrieb sich im Herbst 1982 an der Universität in Ankara ein. Da er sich aber sein Studium und seinen Unterhalt selbst verdienen musste, belegte er an der Universität nur die Fächer, die er unbedingt brauchte. Das hieß für ihn: drei Tage pro Woche Studium in Ankara und vier Tage Mitarbeit bei einer Zeitung in Istanbul. So pendelte er jede Woche mit dem Bus jeweils fünf Stunden zwischen Ankara und Istanbul hin und her.

Das ist in Kürze die Vorgeschichte zu Mustafa Efes persönlichem Bericht »Mein Weg zur Wahrheit«, der bereits in verschiedene Sprachen übersetzt wurde und nun auch in Deutsch vorliegt.

Mustafa Efe

Mein Weg zur Wahrheit

An einem heißen Spätsommermorgen ging ich wie gewohnt nach dem Frühstück durch die staubigen Straßen zu meinem Büro in Istanbul. Zu dieser Zeit arbeitete ich als Sonderberichterstatter bei einer der führenden Zeitungen unseres Landes. Ich hatte verschiedene Schulungen mit speziellen Ausbildungen abgeschlossen, und mein Arbeitgeber hielt mich für bestens geeignet für diese Aufgabe.

Als ich nun im Büro bei meiner täglichen Arbeit saß, rief mich der geschäftsführende Herausgeber meiner Zeitung zu sich. Ich nahm an, dass er einen speziellen Auftrag für mich hatte, und suchte ihn erwartungsvoll auf. Mein Chef damals war jung, zielstrebig, kompromisslos und darauf aus, alles zu tun, um die Auflage seiner Zeitung zu steigern.

Er musterte mich kritisch und sagte kühl: »Sie wissen, dass unsere ausländischen Diplomaten kürzlich bedroht worden sind, und zwar von der Armenischen Terroristengruppe AZALEA. Nach meinen Informationen wird diese Gruppe durch die Armenische Christliche Kirche in der Türkei finanziert. Suchen Sie also diese Kirchen und Gemeinden auf, führen Sie sich als Armenier ein und forschen Sie nach!«

Der Auftrag

Ich ordnete nachdenklich meinen Schreibtisch und verließ das Zeitungsbüro. Zuhause dachte ich darüber nach, wie ich am schnellsten meine Identität wechseln könnte, und machte emsig Pläne. Wie und wo sollte ich beginnen?

Zuerst besorgte man mir einen falschen Pass. Dann ließ ich mir einen Bart wachsen und veränderte mein Aussehen. So begann ich meine Nachforschungen, vorerst nur außerhalb der armenischen Kirchen in Istanbul. Zuallererst musste ich mich mit der christlichen Lehre vertraut machen. Also kaufte ich »das Buch« mit den fünf Büchern Mose, den Schriften über die Propheten und dem Neuen Testament. Die Bibel schien mir nicht allzu fremd, denn ich hatte ja schon als Kind eine strenge religiöse Erziehung genossen und kannte den Koran. Innerhalb kurzer Zeit hatte ich alles gelesen.

Nun begann ich, die armenischen Kirchen zu besuchen, die es in Istanbul gab. Ich stellte mich dort als Sohn einer armenischen Familie vor und gab an, als Kaufmann zu arbeiten. Innerhalb kurzer Zeit war ich mehr oder weniger ein Teil dieser Gemeinden. Gleichzeitig knüpfte ich eine Verbindung zu einem Kaufmann im Großen Basar in Istanbul.

Aber so weit ich meine Nachforschungen auch trieb – ich konnte einfach keine Verbindung zu einer Terroristengruppe erkennen. Nach einem Monat kehrte ich in mein Zeitungsbüro zurück und ließ mich beim Herausgeber anmelden. Er empfing mich sofort, hörte sich meinen Bericht mit unbewegter Miene an und sagte dann ziemlich frostig: »Sie waren einfach nicht gründlich genug. Erzählen Sie mir doch keine solchen Geschichten! Meine Informanten können keine falschen Angaben gemacht haben. Los – gehen Sie nochmals hin, und bringen Sie mir die Story!«

Etwas bestürzt und unsicher verließ ich das Büro. Es blieb mir keine andere Wahl, ich musste meine Nachforschungen von neuem beginnen. Ich versuchte jetzt, engere Beziehungen zu den anderen Gemeindemitgliedern zu knüpfen. Als der Pfarrer einer der Gemeinden bemerkte, dass ich die Gottesdienste regelmäßig besuchte, sagte er zu mir: »Wir haben jede Woche samstags eine besondere

Katechismus-Versammlung. Wenn Sie wollen, können Sie gerne mitmachen. Es kann aber nicht jeder Kirchenbesucher daran teilnehmen, denn dies ist nur eine Schulung für gläubige Christen. Unser Ziel ist, dass die Teilnehmer im Verständnis des christlichen Glaubens wachsen und über die Kirche informiert werden.«

Ich dachte gleich bei mir, das könnten doch geheime Zusammenkünfte sein – und nahm das Angebot sofort dankbar an. Der Pfarrer nannte mir noch den Ort und die Zeit. Ich konnte es kaum erwarten, bis endlich der erste Samstag kam.

In Gedanken spielte ich vorher alle möglichen Szenarios über die Art dieser Versammlung durch. Und so fand ich mich am Samstag pünktlich um 17 Uhr im Untergeschoss der Kirche ein.

Der Undercover-Christ

Ich war sehr aufgeregt. Zu Beginn stellte mich der Pfarrer den übrigen Teilnehmern vor. Und dann beteten während der Versammlung verschiedene Leute für mich, dass ich doch die Gelegenheit nützen würde, mehr über Jesus und sein Evangelium zu erfahren. Es amüsierte mich innerlich, dass man für mich derart betete. Und gleichzeitig spottete ich insgeheim über diese Menschen, weil ich wusste, dass Jesus nicht am Kreuz gestorben war. Denn das lehrt der Koran. Ich dachte: »Solche Narren!« Ich war der Ansicht, anders als sie die gültige Wahrheit zu kennen.

Aufgrund meiner strengen islamischen Erziehung wusste ich einiges über die Bibel, vor allem aber, dass man ihre Originalfassung gefälscht hatte. Ich war fassungslos darüber, dass sich diese Christen Gott – also Gott-Vater, Gottes Sohn Jesus Christus und den Heiligem Geist – zum Partner machten. Für mich als Moslem war Gott ein einziges Wesen und keine Dreieinigkeit. Während ich darüber nachdachte, ging die Versammlung zu Ende.

Alle machten sich auf den Heimweg, und beim Hinausgehen sagte einer der Teilnehmer zu mir: »Ich will daheim für dich beten. Wir freuen uns sehr, dass du zu uns gekommen bist.«

Ein Teil dieser Leute waren früher Moslems und hatten sich später für das Christentum entschieden. Ich war empört und hielt sie schlichtweg für Verräter. Ich ging davon aus, dass sie verführt worden waren und sich einer Gehirnwäsche unterzogen hatten. Aber wie ging das vor sich? Ich musste das irgendwie herausfinden.

Ich verließ wie die anderen das Treffen und eilte nach Hause. Mein Chef hatte angerufen und mir eine Botschaft hinterlassen. Ich fühlte mich jetzt stark unter Druck. Ich hatte schon vor drei Monaten mit meinen Nachforschungen begonnen. Inzwischen war es Winter geworden – und wann würde ich endlich Beweise erhalten, über die ich schreiben konnte? Ich setzte mich hin und schrieb über die Leute, mit denen ich bis zu diesem Zeitpunkt Kontakte geknüpft hatte. Es waren nur drei Personen, mit denen ich mich öfters unterhalten hatte, aber ich fühlte mich nun gut dabei.

Ich wollte nichts Falsches schreiben, weder über die Leute, die an der Versammlung teilgenommen, noch über diejenigen, die ihre Religion gewechselt hatten. Am nächsten Tag, nach dem Sonntagsgottesdienst, setzte ich mich zuhause hin und gab meinem Artikel den letzten Schliff.

Der Montagmorgen kam, und ich spurtete ins Büro. Ich suchte sofort den Chef auf. Als er mich sah, wurde er wütend und brüllte mich an: »Wagen Sie mir nicht, mit irgendeiner Story zu kommen und zu sagen, dass Sie nichts gefunden haben!« Ich erwiderte nicht viel und gab ihm meinen Artikel. Er überflog ihn sofort mit großem Interesse. Dann sagte er mit ernster Miene: »Sie werden jetzt fortfahren, solche Artikel zu schreiben. Ich will jetzt jede Woche von Ihnen derartige Beiträge. Gehen Sie nun zur Buchhaltung und holen Sie sich Ihren Bonus ab!«

Natürlich war ich jetzt sehr froh und erleichtert. Ich ging gleich zur Kasse und bekam mein Geld. Als ich das Büro verließ, fühlte ich mich ganz befreit, und es war mir, als ob eine große Last von meinen Schultern fiele.

Seitdem ich mich mit diesen Nachforschungen beschäftigte, lebte ich sehr zurückgezogen. Meine Freunde hatten zwar angerufen und Nachrichten hinterlassen. Aber ich war so intensiv mit meiner Aufgabe beschäftigt, dass ich einfach nicht dazu kam, ihre Anrufe zu beantworten. Ich musste zu allem ja auch noch weiterhin intensiv die Bibel lesen, damit ich in der Gemeinde nicht durch Unkenntnis auffiel!

Einer meiner engeren Freunde von der Zeitung begann, an die Reinkarnation, also an die Wiedergeburt nach dem Tod zu glauben. Tatsächlich hatte ich zusammen mit diesem Freund bereits vor meinem Sonderauftrag eine Artikelserie darüber vorbereitet. Anfänglich war dieses Thema für mich ganz interessant. Weil viele Thesen darüber jedoch im Gegensatz zum Koran standen, hielt mein Interesse daran nicht lange an.

Aber ich war mir bewusst, dass ich meinen Freund vernachlässigte. Endlich rief ich ihn an und schlug vor, zusammen zum Essen auszugehen. Er war sofort einverstanden und sagte: »Du warst in letzter Zeit wirklich sehr unnütz beschäftigt. Warum hast du dich so intensiv mit solchen Leuten abgegeben? Aber wir wollen heute Abend darüber sprechen und alles ausdiskutieren.«

Als wir uns an jenem Abend trafen, begannen wir eine tiefgründige Unterhaltung. Natürlich redeten wir hauptsächlich über sein Thema, die Reinkarnation. Er versuchte immer wieder, mich von der Wahrheit dieser Lehre zu überzeugen.

Nachdem wir die halbe Nacht darüber disputiert hatten,

trennten wir uns, und ich ging nach Hause. Ich hatte diese Unterhaltung richtig genossen und fühlte, dass ich so etwas seit langem vermisst hatte.

Geheime religiöse Treffen

Am nächsten Morgen begann mein Tag wie gewöhnlich mit Besuchen bei den christlichen Geschäftsleuten im Großen Basar. Das heißt, ich ging einfach zu ihnen in ihren Laden. Sie lebten ein für sie charakteristisches Leben, das heißt, sie waren ganz normale Geschäftsleute und hatten stets den gleichen Tagesablauf. Ich dagegen – ich saß da und wartete argwöhnisch ab. Ich dachte bei mir: »Nun bin ich gespannt, ob ich heute bei meinen Gesprächen etwas über die AZALEA erfahre!« Aber zwei Tage später entdeckte ich in meiner Zeitung folgende Schlagzeile: »*Krumme Tour des Pfarrers!*« Es wurden Moslems genannt, die ihre Religion gewechselt hatten, und es wurde behauptet, dass diese Leute in Verbindung zu terroristischen Organisationen stehen könnten. Außerdem hatte man eine Liste mit den Namen der Leute abgedruckt, die die besonderen Versammlungen am Samstagnachmittag besuchten.

Dieser Artikel traf diese christliche Gemeinde äußerst schwer. Alle waren geschockt und verstört. Damit auf mich kein Verdacht fiel, spielte ich nach außen hin ebenfalls den Verstörten. Die Folge des Zeitungsberichts für die namentlich Genannten war, dass sie einige Tage in Polizeigewahrsam kamen, das heißt, sie wurden eingesperrt.

Wieder kam der Samstag, und wie gewöhnlich ging ich zu der Versammlung. Doch diesmal lag über der ganzen Gemeinschaft eine große Traurigkeit. Der Pfarrer trat ans Pult, um die Versammlung zu eröffnen, und begann dann sehr niedergeschlagen über den Artikel zu sprechen. Er meinte, dass sich die öffentliche Meinung gegenüber der Kirche und ihren Anhängern geändert habe und dass man völlig falsch eingeschätzt werde.

Doch dann sagte er, dass die Leute, die an Jesus glauben, durch Schwierigkeiten gehen müssen. Und am Schluss seiner Ansprache rief er mit lauter Stimme: »Lasst uns für die Leute beten, die uns nicht verstehen und verfolgen!«

Alle begannen, darüber zu beten. Sogar ich betete klar und deutlich: »Herr, hilf bitte unseren Brüdern, die falsch behandelt wurden und die noch im Gefängnis sitzen. Gib ihnen Kraft und Geduld. Mach die Herzen ihrer Verfolger bereit, die Wahrheit anzunehmen.«

Ich musste hier mitbeten, weil ich nicht wollte, dass mich jemand verdächtigte. Während ich nach außen hin so tat, als sei ich über diese Ereignisse sehr betrübt, freute ich mich innerlich sogar darüber! Ich sagte mir: »Es ist gut, dass dies passiert ist. Diese Leute haben den wahren Glauben des Islam verlassen und das westliche Christentum dafür gewählt. Ha!«

Nach dem Gottesdienst am Sonntag ging ich nach Hause und schrieb meinen zweiten Bericht, den ich umgehend an mein Zeitungsbüro sandte. Ab diesem Zeitpunkt bekamen meine Nachforschungen einen anderen Schwerpunkt. Von meinem ursprünglichen Thema »armenische Terroristen« wechselte ich zu »geheime religiöse Treffen«.

Verleumdet

Natürlich war es möglich, dass diese Leute immer noch insgeheim die Arbeit der Terroristengruppe unterstützten. Jetzt war alles, was ich noch brauchte, ein gutes Foto, um meine Artikel damit zu vervollständigen. Also engagierte ich einen Fotografen von der Zeitung und nannte ihm Zeit und Ort der

Samstags-Versammlung. Der Fotograf sollte in die Versammlung kommen und erst eine Weile abwarten und dann mitten in der Ansprache eine Aufnahme machen. Ich erklärte ihm: »Du wirst deine Kamera verstecken, dann kommst du vor, und es genügt, wenn du eine oder zwei Aufnahmen machst und dann verschwindest!«

Wie üblich kam ich erst zum Samstagstreffen, als es bereits begonnen hatte. Ich erfuhr, dass viele wegen der sie betreffenden bedrückenden Zeitungsartikel bereits Ärger mit ihrer Nachbarschaft bekommen hatten. Sie sprachen darüber und erzählten mir: »Man stellt uns alle möglichen Fragen über eine Verbindung zu der illegalen Terroristengruppe AZALEA. Außerdem fragen wir uns, warum man andauernd über so ein ›geheimes Treffen‹ wie dieses berichtet. Und weil man unseren Antworten nicht glaubt, sieht man uns scheel an und beschimpft uns. Es würde uns bloß interessieren, wer der Zeitung so eine Auskunft über diese nicht öffentliche Versammlung gegeben hat!? Wegen dieser falschen Information werden wir von den Leuten so argwöhnisch beobachtet.«

Um von ihnen nicht verdächtigt zu werden, fing ich gleich an, über den Journalisten dieses Artikels zu schimpfen und ihn zu verfluchen! Sie aber meinten: »Bitte, hör auf, ihn zu verfluchen! Vergiss nicht, dass sich auch Judas Ischariot Jesus gegenüber so verhalten hat. Wir müssen Gott für diese Situation loben, weil Jesus sagt: ›Wegen eures Glaubens an mich werden euch die Leute verfolgen. Selig seid ihr, wenn sie alles Böse über euch reden und es nicht wahr ist. Freut euch und seid fröhlich, denn euer Lohn im Himmel wird groß sein.‹« Und dann fragten sie mich: »Kennst du diese Worte von Jesus nicht?«

Ich sagte: »Natürlich weiß ich das, aber es ist doch Heuchelei. Ihr seid infolge von herumerzählten Lügen in Not geraten. Nur deshalb habe ich geflucht.«

Sie antworteten aber: »Bruder, fluche nicht. Gott kennt die

Wahrheit, und er wird sie diesen Menschen in ihren Herzen zeigen.«

Ich spielte meine Rolle wirklich gut. Und genau mitten in der Versammlung wurde aller Aufmerksamkeit durch ein ausgelöstes Blitzlicht unterbrochen. Jemand fotografierte mehrmals aus größerer Entfernung! Bevor auch nur jemand daran dachte »Hallo, wer sind Sie?« oder »Hey, stopp!« zu rufen, konnte der Fotograf fliehen. Ein paar Leute rannten ihm nach, erwischten ihn aber nicht mehr.

Nun versammelten sich alle nochmals und begannen zu beten. Die Gebete dauerten aber nicht mehr sehr lange, und alle gingen nachdenklich und traurig nach Hause.

Die Aufnahmen während der Versammlung erwiesen sich als sehr vorteilhaft für mich. Denn so hatte niemand einen Grund, mich zu verdächtigen. Denn ich war ja mitten unter ihnen, als die Fotos geschossen wurden.

Aber die Art, wie die Leute reagierten, brachte mich zum Nachdenken. Allein der Gedanke, dass man sich darüber freuen solle, wenn man verleumdet und schlecht behandelt wird, erschien mir als purer Unsinn. Auf jeden Fall waren diese Leute für mich Irregeführte, denn sie lasen und glaubten an ein Buch, das gefälscht worden war.

Wieder beendete ich einen »falschen« Artikel für diese Woche und nahm ihn am Montagmorgen mit ins Zeitungsbüro. Dort traf ich geradewegs auf den Fotografen und gratulierte ihm zu seinem Erfolg. Er antwortete nur: »Ich hatte schon ziemlich Angst, sie würden mich schnappen!«

Ich manipulierte die Fotos, auf denen ich zu sehen war, das heißt, ich schnitt einfach den Teil ab, der mich zeigte. Dann ging ich zu meinem Chef und sprach mit ihm über meine Nachforschungen und über die Kirchengemeinden, die ich besuchte. Er meinte: »Das sind dumme Leute. Sie halten ein gefälschtes Buch für wahr. Obwohl der Prophet Jesus niemals starb, glauben sie daran. In Wirklichkeit erzählt allein der Koran die volle Wahrheit. Das Wesentliche der Bibel, wurde gefälscht. Was Jesus betrifft, so ist er niemals gestorben, sondern gleich in den Himmel aufgenommen worden. Diese Gemeindemitglieder sind degeneriert, die den Islam wegen des Christentums verlassen haben.«

Mein Chef wusste, dass mein Vater ein islamischer Gelehrter war und ich eine dem Koran entsprechende gute islamische Erziehung genossen hatte. Er war überzeugt, dass ich seine Meinung teilte, und gemeinsam lachten wir aus vollem Halse.

Die gefälschte Bibel

Inzwischen war es Vorfrühling geworden. Weil die Luft so lind war, beschloss ich, einen kleinen Spaziergang zu machen. Doch – auf einmal war mir nicht mehr so wohl zumute. All das, worüber ich mit meinem Chef gesprochen hatte, begann mir im Kopf herumzugehen: Die fünf Bücher Moses, die Schriften der Propheten und die ursprüngliche Ausgabe des Neuen Testaments sollen gefälscht worden sein? Und Jesus starb niemals am Kreuz?!

Ich wusste, dass man in der Welt des Islam diese Behauptungen für wahr hielt. Denn der Koran lehrt diese »Wahrheiten«. Was mich jedoch zum Nachdenken brachte, war meine eigene Behauptung, dass diese Dinge klar und eindeutig im Koran nachzulesen sind.

Bis zu diesem Tag hatte ich den Koran schon oft gelesen, ich besuchte ja schon als kleines Kind eine Koranschule. Hinzu kam, dass mein Vater Absolvent der Höheren Islamischen Koran-Lehranstalt war und auch dasselbe sagte. Jetzt aber fragte ich mich, in welchem Vers der Koran wohl offen darüber schrieb, dass das Wichtigste in der Bibel gefälscht worden sei.

Ich schlenderte langsam durch die Straßen und musste pausenlos darüber nachdenken. Ich konnte mich plötzlich überhaupt nicht mehr daran erinnern, wo das im Koran stehen sollte. Ich irrte stundenlang umher und überlegte. Diese Frage begann so an mir zu nagen, dass ich ganz verwirrt wurde. Warum fiel mir das nicht ein, trotz meiner gründlichen islamischen Erziehung?

Es war eine schwierige Frage für mich, aber eigentlich war ich mir ganz sicher, dass die Bibel gefälscht worden sei. Das stand in vielen islamischen Büchern. Ganz gleich, wie viele Moslems ich auf der Straße treffen und danach fragen würde, ich bekäme von allen die gleiche Antwort.

Inzwischen war es spät geworden, und ich ging langsam nach Hause. Doch an Schlaf war nicht zu denken, ich musste erst meine Bücher durchsehen. Wegen meiner Zweifel gelang es mir aber nicht, den Koran voll religiöser Ehrfurcht durchzublättern. Vielmehr wollte ich versuchen, die islamischen Bücher ganz objektiv und distanziert zu betrachten. Ich war mir sicher, nun Auskunft zu erhalten, und begann die türkische Ausgabe des Korans durchzusehen. Obwohl ich früher viele Male darin gelesen hatte, erschien mir der Koran in dieser Nacht wie eine neue Offenbarung. Denn die Aussagen des Korans wichen von einander ab!

Ich nahm den Koran zur Hand und blätterte darin. Dabei fand ich folgende Verse:

»Nach jenen Propheten sandten wir Jesus, den Sohn Marias, dass er die bereits offenbarte Thora bestätigte, und gaben ihm das Evangelium, aus welchem Leitung, Licht und Bestätigung der Thora folgt, um damit die Gottesfürchtigen zu führen und zu ermahnen.« (5. Sure, Vers 46)

»Die Worte Allahs ändert niemand ab.« (6. Sure, Vers 28)

»Lies vor, was dir aus dem Buch des Herrn offenbart wird, seine unveränderbaren Worte, denn außer bei Ihm findest du keine Zuflucht.« (l8. Sure, Vers 28)

Der Koran gibt also klare Anweisungen, dass man den im Alten und Neuen Testament enthaltenen Schriften folgen soll und dass diese Schriften fehlerfrei und vertrauenswürdig sind. Mehr noch – der Koran befiehlt sogar allen Gläubigen, sowohl an den Koran als auch an alle vorhergegangenen Schriften wie das Alte und das Neue Testament zu glauben.

Ich vertiefte mich weiter in den Koran und fand zum Beispiel in der 6. Sure, Verse 90-91 folgende Aufforderung: »Diesen Menschen haben wir nun die Schriften, die Weisheit und das Prophetentum gegeben. Wenn diese Generation sie ablehnt, werden wir sie anderen geben, die wahrhaftig daran glauben. – Dieses waren die Menschen, die von Allah geleitet wurden. Folge ihrer Führung und sage: Ich verlange keinen Lohn dafür, denn es ist eine Mahnung an die ganze Menschheit.«

Diese Bestätigung im Koran überraschte mich sehr. Ich suchte weiter nach anderen Versen über die Bibel und vor allem die Stellen, die aussagten, dass die Bibel gefälscht sei. Aber ich fand einfach keine! Da musste es doch irgendeinen Fehler geben. In der gesamten islamischen Welt war man sich einig, dass im Koran wirklich gesagt wird, die Aussagen des Alten und des Neuen Testaments seien von den Juden bzw. den Christen verfälscht worden.

Völlig verwirrt

Und nun fand ich heraus, dass das Gegenteil der Fall war: Die Bibel wurde niemals verändert, und der Koran behauptete das auch nicht. Gott sagte: »Niemand kann meine Worte verändern.« Doch die Leute behaupten: Sie wurden verändert. Das verwirrte mich völlig.

Nun stellte ich beim Weiterlesen im Koran zu meinem Erstaunen fest, dass sich dort viele Widersprüche finden.

Einmal besagen viele Verse des Korans, dass die heiligen christlichen Bücher fehlerfrei und von Gott geschützt sind. Dann fielen mir wieder andere Stellen auf, an denen der Koran behauptet, dass die christlichen Schriften verändert worden seien.

Der Koran stellt also sowohl das Eine als auch das Andere fest. Doch wie konnte Gott solch einen Widerspruch zulassen? So steht zum Beispiel in der 4. Sure, Vers 47:

>»Einige von den Juden rückten Worte von ihrer wahren Stelle und verdrehten sie (...) und verlästern so ihren wahren Glauben.«

Und in der 3. Sure, Vers 4 wird gesagt:

>»Er offenbarte dir die Schrift mit der Wahrheit und bestätigte hiermit sein schon früher gesandtes Wort. Er offenbarte schon vorher die Thora und das Evangelium als Richtschnur für die Menschen, damit sie das Gute vom Bösen unterscheiden können.« Diese Verse fesselten geradezu meine Aufmerksamkeit. Der Koran erwähnt die Tatsache, dass sich die Juden mit den Heiligen Schriften beschäftigen. Er schreibt, dass sie dies in neuerer Zeit nur deshalb tun, um gegen die Moslems zu agieren. Aber ich kam einfach nicht auf die Stelle, wo es klar und deutlich hieß: »Das Alte und das Neue Testament wurden verfälscht.«

Immer wieder widersprach sich der Koran, und alles Weiterlesen führte mich in eine Sackgasse. Was sollte ich nun glauben? Wurde die Bibel nun verfälscht oder nicht? Ich dachte darüber nach, und dann kam mir eine andere Frage in den Sinn: Hebt der Koran die Aussagen des Alten und Neuen Testaments auf? Wenn ja, wie ersetzt er sie?

Von neuem las ich im Koran in der 2. Sure, Vers 41:

>»Haltet an dem Bündnis, und ich will meines halten.«

Und in der 6. Sure, Vers 69 steht:

>»Sage ihnen: Oh, ihr Schriftbesitzer, ihr sollt nur geführt

werden, wenn ihr die von eurem Gott geoffenbarte Thora und das Evangelium beachtet.«

Nachdem ich diese Verse gefunden hatte, merkte ich, dass selbst der Koran nicht die Autorität des Alten und Neuen Testaments aufhob, die ja schon vor der Abfassung des Korans existierten.

Obwohl es nun schon weit nach Mitternacht war, war ich innerlich so aufgewühlt, dass ich einfach nicht anders konnte, als nun auch in der Bibel nachzulesen, was dort über die Wahrheit der Heiligen Schrift gesagt wird.

Zuerst blätterte ich in der Offenbarung des Johannes und fand im 22. Kapitel die Verse 18 und 19:

»Ich, Johannes, bezeuge allen, die da hören, die Worte der Weissagung in diesem Buch: Wenn jemand etwas hinzufügt, so wird Gott ihm die Plagen zufügen, die in diesem Buch geschrieben stehen. Und wenn jemand etwas wegnimmt von den Worten des Buchs dieser Weissagung, so wird Gott ihm seinen Anteil wegnehmen am Baum des Lebens und an der heiligen Stadt, von denen in diesem Buch geschrieben steht.«

Nichts als die Wahrheit

Warum wurden nun im Licht dieser Verse andauernd unterschiedliche Dinge behauptet und geschrieben? Ich war so gefangen von dieser Thematik, dass ich gar nicht merkte, wie schnell die Zeit verging. Und so war es fast Morgen, als ich mich schlafen legte. Vor dem Einschlafen nahm ich mir fest vor, erst ein bisschen zu schlafen und dann mit ein paar Fachleuten auf diesem Gebiet über meine Erkenntnisse zu sprechen.

Nach dem Frühstück holte ich den Koran von meinem Schreibtisch und suchte unter meinen Büchern nach entspre-

chenden Auslegungen dazu. Ich steckte alles in meine Akten-
tasche und beschloss, ein paar Verlagshäuser aufzusuchen,
die islamische Schriften veröffentlichten. Dort angekommen,
fragte ich nach den Adressen von bekannten islamischen Gelehrten. Ich versuchte mit ihnen Verbindung aufzunehmen
und schaffte es tatsächlich, mich noch an diesem Tag mit einem Gelehrten zu verabreden. Auch für den nächsten Tag
vereinbarte ich ein Treffen mit einem anderen Gelehrten.

Der erste Gelehrte war ein alter Mann. Er bat mich höflich
in sein Studierzimmer und fragte mich wohlwollend nach
meinen Wünschen. Zuerst tat er ganz interessiert, aber ich
wollte mir keine weitschweifigen Erklärungen anhören und
kam gleich zum Thema. Er bestätigte die Verse des Korans,
die ich erwähnte. Doch dann meinte er, dass sowohl die Juden als auch die Christen ihre eigenen Schriften gefälscht
hätten. Er tat ganz überzeugt und war etwas erstaunt, dass ich
daran zweifelte. Aber mich brachten solche allgemeinen
Aussagen nicht im Geringsten weiter. Und so verabschiedete ich mich höflich.

Auf dem Weg zu dem anderen Islam-Gelehrten am nächsten Morgen hoffte ich, nun endlich Klarheit über meine
Zweifel zu bekommen. Auch dieser Mann freute sich, dass
sich ein junger Mensch für seine Thesen interessierte. Aber
er brachte mich mit seinen Ideen völlig durcheinander. Denn
er zeigte mir viele Beispiele von verschiedenen Koran-Aus-
legungen, die beides besagen, nämlich, dass die heiligen Bücher der Christen sowohl wahr als auch gefälscht worden
seien. Ich war mit seinen Ausführungen sehr unzufrieden.
Denn diese Feststellung hatte ich ja zwei Nächte zuvor selbst
schon gemacht. Ich wollte und musste einfach wissen, wo die
Wahrheit lag. So bedankte ich mich bei ihm und ging nach
Hause.

Dort nahm ich mir nochmals den Koran vor und listete mir
alle Verse auf, die aussagen, dass das Alte und das Neue Tes-

tament gefälscht wurden. Dann stellte ich diese Verse des Korans denen gegenüber, die vom Gegenteil sprachen, zum Beispiel 2. Sure, Vers 76, 3. Sure, Vers 79 oder in der 18. Sure, Vers 29:

>Mein Wort kann nicht geändert werden, noch bin ich meinen Dienern gegenüber ungerecht.«

Nun gibt unsere islamische Religion vor, eine der ganzen Welt gegenüber tolerante Religion zu sein. So heißt es in der 109. Sure, Vers 7: »Ihr habt eure Religion, und ich habe meine.« Und in der 2. Sure, Vers 254 steht: »Wir gaben Jesus, dem Sohn Marias, Wunderkraft und rüsteten ihn mit dem Heiligen Geist aus.«

In meiner Koranschule wurde mir immer wieder gesagt, dass der Islam keine Gewalt und keinen Zwang ausübe. Von klein auf hieß es in meiner Familie und in der Schule: Unsere Religion ist eine Religion der Toleranz. Damit wurde überall – auch später an der Universität – Propaganda gemacht. Doch im Gegensatz dazu steht auch im Koran in der 2. Sure, Vers 192:

>Tötet sie, wo immer ihr sie trefft« (gemeint sind die Andersgläubigen).

Und in der 4. Sure, Vers 90 heißt es:

>Wenn sie abweichen, so ergreift und tötet sie, wo immer ihr sie findet.«

Diese Worte begannen an mir zu nagen. Wie konnte man im Koran zwei Verse weiter oben von Toleranz reden und dann einen Mord befehlen?

Ich verbrachte nun mehrere Tage damit, weiterzusuchen. Dabei häuften sich die Widersprüche im Koran derart, dass ich ganz verzweifelt wurde. Denn bei jedem Thema hatte der Gott der Muslime zwei Perspektiven: eine positive und eine negative. Wenn der Gott der Bibel die Vollmacht seines Wortes im Alten Testament, das ja vor dem Koran gegeben wurde, aufhob und dafür im Neuen Testament etwas Neues einsetzte, so war anscheinend der Koran auch so ein Buch, das eine These durch eine andere ersetzte.

Bei dieser tagelangen Suche nach der Wahrheit las ich zwischendurch meinem Freund zuliebe auch ein paar Bücher über die Reinkarnation. Doch ich merkte dabei, dass ich in einer Sackgasse angelangt war. Ich fühlte einfach, dass ich bei der Reinkarnation nicht das finden würde, was ich suchte. Denn Reinkarnation, das hieß doch, einen neuen Körper zu bekommen. Das war zwar vor einiger Zeit ganz interessant für mich, doch jetzt erschien mir das barer Unsinn. Eine Geburt geschieht doch nur einmal, so wie auch das Jüngste Gericht. Über welchen Körper, über welche Sünden und über welche guten Taten wird ein Mensch gerichtet, wenn er so viele Leben hat?

Widersprüchlicher Koran

Zu dieser Zeit rief mich öfter das Zeitungsbüro an. Aber ich meldete mich nicht zurück, denn meine innere, das heißt meine geistliche Verfassung war mir wichtiger als alle Nachrichten und Artikel, die geschrieben werden konnten. Ich ging nicht ans Telefon, wenn es klingelte.

Ich musste weiterforschen und wollte wissen, was der Koran über den Propheten Jesus zu sagen hat. Starb Jesus wirklich? Wurde er gekreuzigt? Ich war neugierig, was darüber im Koran stand, und vertiefte mich von neuem in meine Bücher. Ich stieß dabei auf folgende Verse, die etwas über das Sterben Jesu am Kreuze aussagen:

»Er sagte, ich will dich, o Jesus, der Menschen Tod sterben lassen und dich zu mir erheben.« (3. Sure, Vers 56)

»Friede sei mit ihm am Tage seiner Geburt und am Tage seines Todes und wenn er zum Leben auferstehen wird.« (19. Sure, Vers 16)

»Er, Allah, gab mir seinen Segen auf allen meinen Wegen und befahl mir, das Gebet zu verrichten und den Armen Almosen zu geben, solange ich (Jesus) leben werde.« (19. Sure, Vers 32)

Das machte mich ganz nachdenklich. Wenn der Prophet Jesus – ohne zu sterben – sofort in den Himmel aufgenommen wurde, wem gab er dann Almosen? Diese Frage ist für Moslems sehr wichtig, weil Almosengeben ein Gebot für sie ist.

Ich war dabei, meinen Verstand zu verlieren. Je mehr Literatur ich zu diesen Fragen las, desto mehr neue Widersprüche fand ich. Es war mir einfach unmöglich, aufgrund meiner Bücher zu einer endgültigen Klarheit zu kommen.

Da fiel mir mein Vater ein: Ja, das war es! Ich musste mit ihm einfach über diese Widersprüche sprechen, denn das war ja früher sein besonderes Fachgebiet am Höheren Islamischen Lehrinstitut in Sivas. Er war so bekannt wie viele andere islamische Gelehrte auch, und er konnte mir bestimmt bei meinen Fragen weiterhelfen.

Ich wollte ihn sofort anrufen. Als ich seine Nummer zu wählen begann, merkte ich zu meinem Schrecken, dass es schon nach Mitternacht war. Und dann meldete sich am anderen Ende der Leitung mein Vater mit verschlafener Stimme: »Ja, mein lieber Mustafa, ist denn etwas passiert? Und weißt du auch, dass es schon zwei Uhr morgens ist?« Ich erwiderte unsicher, dass ich ihn an diesem oder am nächsten Tag unbedingt wegen einer äußerst wichtigen Sache sprechen müsse, wollte ihm aber am Telefon keine rechte Auskunft darüber geben. So brummte er etwas Unverständliches und meinte: »Dann komm halt übermorgen zu uns, aber am besten gegen Abend!«

Am nächsten Morgen wachte ich durch das durchdringende und lang anhaltende Läuten meines Telefons auf. Als ich abnahm, war mein Chef am Apparat, der äußerst aufgebracht war. Er schrie mich an und verlangte mit wütender Stimme:

»Schreiben Sie sofort Ihren Abschlussbericht für die morgigen Zeitungsnachrichten!« Er ließ mich gar nicht zu Wort kommen und legte einfach auf.

Ich war mit mir selber uneins, was ich nun tun solle. Doch ich beschloss, zuerst zu frühstücken und dann einfach nochmals einige Gemeinden und ein paar Leute zu besuchen, die ich kennen gelernt hatte.

Zuerst ging ich zu den Geschäftsleuten im Großen Basar. Ich plauderte mit ihnen, aber wieder fiel mir nichts Verdächtiges auf. Dann ging ich zum Pfarrer der Gemeinde, die ich bisher regelmäßig besucht hatte. Er hatte wie üblich gerade seine Morgenandacht beendet und freute sich, mich zu sehen. Es war ihm gerade gelegen, dass ich kam. Er meinte: »Sie haben heute bestimmt frei, kommen Sie mit in die Küche, dann trinken wir zusammen Tee.« Ich folgte ihm in seine einfache, aber sehr saubere Wohnküche.

Nachdem wir über verschiedene belanglose Dinge geredet hatten, wagte ich es, die Rede auf die militanten armenischen Gruppierungen zu bringen, die erst kürzlich für Schlagzeilen gesorgt hatten. Ich erklärte ihm, dass man allgemein annahm, diese Gruppen würden von den Kirchen finanziert – und dass diese Unterstützung aus der Türkei käme. Ich versicherte ihm auch, dass ich das ebenfalls so sähe.

Da blickte mich der Pfarrer ganz ernst an und sagte: »So etwas ist gar nicht möglich. Sie sehen doch selbst, dass wir Schwierigkeiten haben, die Hauptausgaben für unsere Kirche zu decken. Außerdem ist es überhaupt nicht unsere Aufgabe, die Arbeit von Terroristen zu unterstützen. Und was eine Verbindung zwischen denen und der Kirche betrifft, so halte ich das für völlig absurd.«

Er fuhr fort: »Die Geschichte lehrt uns, dass es in jeder Religionsgemeinschaft einschließlich der christlichen immer wieder Leute gab, die die Religion heimlich für ihre eigenen Ziele missbrauchten. Und wahrscheinlich gibt es das heute auch noch. Ein wahrer Christ jedoch oder eine biblisch fundierte Kirche wird sich nie auf so etwas wie solche Terroristengruppen einlassen. Auch Jesus sagte über die Schächer nichts Schlechtes, als er am Kreuze starb. Im Gegenteil, Jesus sagte: ›Wenn dich jemand auf die rechte Backe schlägt, so halte ihm auch die linke hin.‹ Wie sollten wir als Gemeinde, die Jesus nachfolgt, wissentlich solche Aktionen unterstützen, die der Menschheit schaden? Das Ganze ist einfach verlogen!«

Während ich so dasaß und dem Pfarrer zuhörte, wünschte ich mir auf einmal sehnlichst, dass wahr wäre, was er sagte. Ich unterhielt mich noch ein bisschen mit ihm und machte mich auf den Heimweg. Nun musste ich für die Zeitung meinen letzten Artikel fertig stellen. Auf dem Weg zu meiner Wohnung fragte ich mich, wie ich das überhaupt bewerkstelligen sollte.

Eine große Ungerechtigkeit

Zuerst machte ich mir etwas zu essen und aß ganz mechanisch. Mein Kopf war wie voll gestopft, und innerlich fühlte ich eine große Leere. Schließlich setzte ich mich an meinen Schreibtisch. Ich versuchte, meine Gedanken zu sammeln, und begann, alles aufzuschreiben, was ich gesehen und worüber ich diskutiert hatte. Doch während ich das alles zu Papier brachte, kam ich mir plötzlich wie ein fundamentalistischer Moslem vor!

Natürlich sollten diese Leute bestraft werden, weil sie vom rechten Weg abgewichen waren (das heißt vom Islam). Ich war auf einmal von diesem Gedanken ganz überzeugt und schrieb weiter. Aber tief in meinem Inneren regte sich mein Gewissen, und ich merkte, dass ich mit diesem Bericht wahrscheinlich eine große Ungerechtigkeit begehen würde.

Denn bis heute hatte ich bei all meinen Nachforschungen an diesen Leuten nichts Unrechtes entdeckt. Im Gegenteil – ich sah sogar, dass mein Buch, der Koran, an den ich glaubte, die Christen auch nicht vollständig verdammen konnte. Er sagte beides aus, dass ihr Heiliges Buch gefälscht sei und auch wieder nicht, dass sie auf dem falschen Weg sind, aber auch das Gegenteil.

Als ich darüber nachsann, wurde ich so erschöpft, dass ich ins Bett ging und zu schlafen versuchte. Erst spät am anderen Morgen wachte ich auf und hatte immer noch ein große Furcht in mir. Ich dachte: Was habe ich getan? Was soll ich tun? Mir fiel all das ein, was ich in der vergangenen Zeit falsch gemacht hatte.

Wieder hoffte ich, dass es mir etwas besser gehen würde, wenn ich erst einmal frühstückte. Doch während des Essens gingen mir viele Gedanken durch den Kopf. Schließlich kam ich zu dem Ergebnis, dass ich diese Zeitungsartikel nur aufgrund eines Gerüchts und meiner eigenen Einschätzung geschrieben hatte. Doch diese Ansichten sollten nicht von mir, sondern von den Gelehrten aus der Welt des Islam verbreitet werden.

Ich hörte also auf zu schreiben und beschloss, am Abend zu meinen Eltern zu gehen. Während ich zu ihnen fuhr, dachte ich über meinen Vater nach. Er stammte aus einer strenggläubigen moslemischen Familie und hatte, wie es in wohlhabenden Kreisen oft üblich war, auf der Theologischen Hochschule in Sivas studiert. Doch als er sich intensiv mit dem Islam befasste, kam es bei ihm zu einer Glaubenskrise. Denn nach diesem Studium wurde mein Vater zum Atheisten – ausgerechnet er, der früher oft den Koran gelesen hatte und nie die obligatorischen Gebete versäumte.

Er begründete seine Haltung damit, dass er über einige der Widersprüche im Koran, die er gefunden hatte, nicht hinwegkäme und er für diese weder eine logische Antwort finden noch geben könne. Mein Vater war sehr streng zu uns Kindern und trotz seiner ablehnenden Einstellung gegenüber dem Islam der Ansicht, dass der Islam eventuell doch der richtige Weg sein könnte, wenigstens für seine Familie.

Ich hatte alle meine Unterlagen dabei und betrat mein Elternhaus mit gemischten Gefühlen. Meine Eltern begrüßten mich freundlich und fragten neugierig, warum ich sie so lange nicht besucht hätte. Und wegen was für einer wichtigen Sache ich einfach so mitten in der Nacht anrufe? Ich beantwortete der Reihe nach alle ihre Fragen. Nachdem ich mit beiden ein bisschen geplaudert hatte, sagte ich zu meiner Mutter: »Nun möchte ich mit Papa ganz alleine sprechen!«

Gespräch mit dem Vater

Wir gingen in ein anderes Zimmer. Dann erzählte ich meinem Vater von all den Problemen, über die ich nachforschte, und meine Schwierigkeit, darin einen Sinn zu erkennen. Er sah mich ruhig an und meinte: »In Ordnung, aber – was willst du von mir?«

Ich bat ihn, mir doch zu helfen und mir die Widersprüche des Koran zu erklären. Dann fragte ich ihn ganz direkt nach seiner Ansicht: »Meinst du, dass Jesus am Kreuz gestorben ist – oder doch nicht? Und was hältst du von der Dreieinigkeit?«

Mein Vater sah mich prüfend und wohlwollend an und meinte: »Die gute und wahre Religion (der Islam) sagt: ›Setze dich nicht mit diesen Dingen auseinander, sonst wirst du an deinem Glauben zweifeln.‹ Wenn du diesen Fragen nachgehst, wirst du zweifellos auch mit anderen Leuten darüber diskutieren. Aber ich möchte nicht, dass du zu viel Zeit darin investierst, sonst geht es dir am Ende wie mir!«

Ich flehte meinen Vater an, mir doch zu helfen und sagte,

er – als ehemaliger Islam-Theologe – könne mir doch diese Dinge am besten erklären. Nach vielem Bitten und Überreden willigte er schließlich ein, mir zu helfen. Er sagte: »Ja, die Koranverse über das Alte und das Neue Testament sind wahr. Wenn wir nur einige dieser Verse betrachten, so merken wir, dass das Alte und das Neue Testament nicht gefälscht worden sind und dass der Koran ihre Autorität nicht aufgehoben hat. Aber«, fuhr mein Vater fort, »es stehen auch andere Verse im Koran, die besagen, dass der Inhalt dieser Bücher verfälscht wurde. Es heißt, dass einige jüdische Gelehrte die Bücher abgeändert haben. Jedoch denken einige islamische Gelehrte sehr differenziert über diesen Punkt. Über das Thema der Dreieinigkeit sagt der Koran, dass der wahre Gläubige aus Gott keinen Partner macht. Das bedeutet: Treibe keinen Götzendienst, indem du Gott anderen Dingen gleichstellst.« Er zitierte aus der 29. Sure, Vers 47ff:

> »Sei höflich, wenn du mit Schriftbesitzern (Juden und Christen) streitest, ausgenommen den Frevlern unter ihnen. Sage: Wir glauben an das, was uns und euch offenbart worden ist. Unser und euer Gott ist Einer.«

Dann wies er auf die 3. Sure, Verse 114-115 hin:

> »Es gibt rechtschaffene Leute unter den Schriftbesitzern, die allnächtlich über die Offenbarungen Allahs nachdenken und ihn verehren und an ihn und an den Jüngsten Tag glauben. Diese wollen nur das Recht und wehren dem Unrecht und wetteifern miteinander in guten Werken. Sie gehören zu den Frommen.«

»Diese Verse zeigen«, sagte mein Vater, »dass die Christen nur an einen Gott glauben, sie lesen das Buch (die Bibel) und beten Gott in Ehrfurcht an. Ich kann dir auch im Koran einen Vers zeigen, der ganz klar die Dreieinigkeit Gottes erklärt, wie es im christlichen Glauben dargestellt wird.« Und zu meiner Verwunderung zitierte er die 4. Sure, Vers 172:

> »Der Messias, Jesus, der Sohn Marias, ist ein Gesandter

Allahs – und das Wort, das Er Maria anvertraute: ein Geist von ihm.«

Sofort in den Himmel aufgenommen?

Das machte mich sprachlos, und ich war sehr verwundert. Mein Vater gab mir dann dazu folgende Erklärung: »In diesem Vers können wir Gottes Wesen erkennen, Gottes Wort und Seinen Geist. Lass mich das so erklären im Hinblick auf die Beziehung des Propheten Jesus zu Gottes Wort. Denn die 2. Sure, Vers 254 sagt aus: ›Wir gaben Jesus, dem Sohn Marias, Wunderkraft und rüsteten ihn mit dem Heiligen Geist aus.‹ Nach der genauen Auslegung ist damit der Heilige Geist gemeint. – So, und jetzt willst du noch wissen, was es mit dem Sterben Jesu am Kreuz auf sich hat. Aber zuerst lass mich dir nochmals Eines sagen: Du sollst dich nicht zu sehr mit diesem Disput beschäftigen, sonst ergeht es dir wie mir, und du wirst letztendlich auch ein Atheist. Doch weil du mich so eindringlich gefragt hast, will ich dir das jetzt erklären. Auch wenn der Koran sagt, dass Jesus niemals am Kreuz starb, sondern nach der Kreuzigung sofort in den Himmel aufgenommen wurde, musst du dich trotzdem mit den folgenden Versen auseinandersetzen.«

Und er zitierte aus dem Koran die 4. Sure, Verse 159-160: »Die, die nicht an ihn geglaubt haben, waren über seinen Tod im Zweifel. Denn was sie darüber wussten, waren bloße Vermutungen, sie waren nicht sicher, ob sie ihn getötet haben. Allah hat ihn zu sich erhoben. Er ist mächtig und weise. Aber vor seinem Tode wird jeder Schriftbesitzer an ihn glauben, und am Jüngsten Tage wird Er wider sie zeugen.«

»Und denke nur«, sagte mein Vater, »wir können im Koran sogar Verse finden, die bezeugen, dass der Prophet Jesus wirklich gestorben ist. In der 3. Sure, Vers 56 steht: ›Er sagte: Ich will dich, Jesus, der Menschen Tod sterben lassen und zu mir erheben. Ich werde dich von den Ungläubigen wegnehmen und dich über deine Jünger erheben bis zum Tage der Auferstehung. Dann kehrt ihr zu mir zurück, und ich will das Strittige unter euch richten.‹«

Mein Vater fuhr fort: »Eigentlich haben die islamischen Gelehrten verschiedene Ansichten darüber, ob der Prophet Jesus wirklich in den Himmel aufgenommen worden ist. Das Wort ›tawaffaytani‹, das üblicherweise mit ›derjenige, der tötet‹ übersetzt wird, wurde von dem islamischen Gelehrten Razi mit ›auferstehen‹ übersetzt. Er gibt an, dass das gleiche Wort auch ›auferwecken‹ heißen kann. Wenn Razi und die anderen Gelehrten genau waren, dann ist der Prophet Jesus niemals vor seinem Weggang von der Erde gestorben. Denn lies mal in der 55. Sure, Vers 27: ›Alle, die auf Erden wohnen, sind zum Sterben bestimmt. Aber das Antlitz unseres Gottes dauert ewig in all seiner Majestät und Herrlichkeit.‹

Die Gelehrten waren sich über dieses Thema uneins und spalteten sich in zwei Gruppen: Die erste Gruppe verteidigt ihren Glauben dahingehend, dass Gott Jesus durch dieses Ereignis (die Kreuzigung) zu sich ziehen würde und er es ihnen nicht erlaubte, ihn zu töten. Das heißt: Er erhöhte Jesus an seine Seite im Himmel und zog ihn mit den Engeln in seine Gegenwart. Gott wollte somit Jesus schützen, indem Er ihn nicht umbringen ließ.

Was die andere Gruppe der Gelehrten betrifft, so behaupten sie, dass der Satz: ›Ich bin derjenige, der dich sterben lässt‹, meint: ›Ich bin derjenige, der dich tötet.‹ Sie sagen das, was Ibnu Abbas, Ibnu Ishak und Ham ben Ishak verbreitet haben, nämlich dass die Juden Jesus nicht töten konnten. Gott ehrte Jesus, indem Er ihn in den Himmel erhob. Letztendlich gibt es heute drei verschiedene Meinungen zu diesem Thema, nämlich:

Um die siebte Stunde starb der Prophet Jesus. Später ließ ihn Gott auferstehen und erhob ihn in den Himmel.

Jesus starb um die dritte Stunde und wurde später in den Himmel erhoben.

Gott tötete Jesus und erhob ihn dann in den Himmel.

So ist das, mein Sohn«, sagte mein Vater mit einem müden Lächeln. »Das ist alles, was ich dazu als dein Vater zu sagen habe.«

Was mein Vater mir erklärt hatte, genügte mir, wenigstens vorerst. Dann kam meine Mutter und bot mir noch eine Tasse Tee an. Ich setzte mich zu ihr und plauderte noch ein bisschen über unsere Familie, denn meine Schwestern lebten noch zu Hause. Ich verabschiedete mich von meinen Eltern und kehrte nachdenklich zurück in meine kleine Wohnung.

Flehentliches Gebet

Zu Hause angekommen, ging ich sofort in mein Arbeitszimmer. Was ich heute von meinem Vater gehört hatte, berührte mich innerlich bisher überhaupt nicht. Aber je mehr ich über das Sterben Jesu und seine Auferstehung nachdachte, umso deutlicher verspürte ich den inneren Drang, einfach zu beten. So sagte ich voller Ehrfurcht: »Mein Gott, ich glaube an deine Existenz. Bitte, erkläre mir die Lage, in der ich mich seit Wochen befinde. Wenn mir die Leute etwas über den Glauben erklären, dann sagen sie dies mit ihren eigenen Vorstellungen. Doch du kannst mir die Wahrheit über alles zeigen und sogar dich mir selbst offenbaren. Ich flehe dich an: Zeige mir doch die Wahrheit.«

Nachdem ich dieses Gebet gesprochen hatte, wollte ich einfach nochmals in andere biblische Bücher hineinschauen. Ich sah meine Nachforschungen im Koran als beendet an und fragte mich, was wohl das Alte und das Neue Testament aussagen würden. Ein letztes Mal noch wollte ich darin blättern – und dann müsste ich doch endlich Klarheit bekommen und eine Antwort auf meine vielen Fragen finden.

Da las ich bezüglich der Glaubwürdigkeit der ganzen Bibel in Psalm 89, Vers 35:

»Ich will meinen Bund nicht entheiligen und nicht ändern, was aus meinem Munde gegangen ist.«

Und in Matthäus 24, Vers 35:

»Himmel und Erde werden vergehen, aber meine Worte werden nicht vergehen.«

Ähnliches steht in der Offenbarung, Kapitel 22, Verse 18-19:

»Ich bezeuge allen, die da hören die Worte der Weissagung in diesem Buch. Wenn jemand etwas hinzufügt, so wird Gott ihm die Plagen zufügen, die in diesem Buche stehen. Und wenn jemand etwas wegnimmt von den Worten des Buches dieser Weissagung, so wird Gott ihm wegnehmen seinen Anteil am Baum des Lebens und an der heiligen Stadt, von denen in diesem Buch geschrieben steht.«

Diese Verse hatte ich doch schon vor ein paar Tagen gelesen und war damals voller Zweifel. Doch nun fand ich sie völlig in Ordnung und war sogar froh darüber. Ich las Verse über Gott aus dem Alten und Neuen Testament, wie zum Beispiel Jesaja 64, Vers 7:

»Aber nun, Herr, du bist doch unser Vater! Wir sind Ton, du bist unser Töpfer, und wir sind alle deiner Hände Werk.«

Dieser Vers tröstete mich ungemein. Dann steht in Johannes 1, Vers 14:

»Und das Wort ward Fleisch und wohnte unter uns, und wir sahen seine Herrlichkeit, eine Herrlichkeit als des eingeborenen Sohnes vom Vater, voller Gnade und Wahrheit.«

Dass Jesus ans Kreuz gehängt wurde, war sowohl im Alten

als auch im Neuen Testament das Hauptthema. Und folgende Verse aus Johannes 3, Vers 16 erschütterten mich zutiefst:

»Denn also hat Gott die Welt geliebt, dass er seinen eingeborenen Sohn gab, damit alle, die an ihn glauben, nicht verloren werden, sondern das ewige Leben haben.«

Es fiel mir ein, dass der folgende Tag ein Samstag ist, also der Tag der Gemeinde-Versammlung. Ich war nun über all dem Lesen sehr müde geworden und wollte unbedingt schlafen. Die Tage zuvor hatte ich kaum Schlaf gefunden, weil ich über all diese Fragen nachdenken musste. Deshalb gelobte ich mir, dieses Problem noch in dieser Nacht vor dem Einschlafen zu lösen, ganz egal wie.

Auf einmal begriff ich mehr oder weniger den Streit zwischen dem Koran und der Bibel. Aber wenn ich zu einem Ziel kommen wollte, dann musste dies noch in dieser Nacht geschehen. Denn alles Suchen und Nachforschen hatte mich bislang nicht zufrieden gestellt. Ich war jetzt bei der Frage angelangt, bei welchem Propheten wohl die Erlösung zu finden sei, und begann, über Mohammed und Jesus nachzudenken.

Beide boten einen Weg an. Doch welcher Weg führte zur wirklichen und einzigen Wahrheit? Deshalb schaute ich trotz meiner großen Müdigkeit nochmals im Koran nach und fand in der 19. Sure, Vers 72:

»Es gibt keinen unter euch, der nicht die Grenzen der Hölle überschreiten müsste, so ist der absolute Beschluss eures Herrn.«

Und in einem anderen Vers, der sich auf Mohammed selbst bezieht, in der 40. Sure, Vers 56 heißt es:

»Flehe ihn an (du Mohammed), damit er dir deine Sünden vergibt.«

Diese Verse schockierten mich, denn bisher hatte ich geglaubt, dass Mohammed ohne Sünde sei. Durch diesen Vers wurde mir klar, dass ich nicht der Einzige war, der sündigt, sondern dass sogar Mohammed die Vergebung der Sünden brauchte. Ganz gleich, was ich auch immer tat, ich konnte dem Weg zur Hölle nicht entrinnen.

Ich seufzte tief, legte den Koran zur Seite und griff mir das Neue Testament. In Johannes 8, Vers 46 las ich über Jesus:

»Wer von euch kann mich einer Sünde zeihen? Wenn ich die Wahrheit sage, warum glaubt ihr mir nicht?«

In verschiedenen Bibelstellen wie 2. Korinther, Kapitel 5, Vers 21, 1. Petrus 2, Vers 22 und 1. Johannes 3, Vers 5 wurde gesagt, dass der Prophet Jesus ohne Sünde war. Doch was sagte die Bibel über mich als Mensch? Im Römerbrief, Kapitel 5, Vers 12 fand ich:

»Deshalb, wie durch einen Menschen die Sünde in die Welt gekommen ist und der Tod durch die Sünde, so ist der Tod zu allen Menschen durchgedrungen, weil sie alle gesündigt haben.«

Und auch in Römer 3, Vers 23 las ich ganz klar:

»Sie sind allesamt Sünder und mangeln des Ruhms, den sie bei Gott haben sollten.«

Sündenerkenntnis

Folglich war auch ich ein Sünder. Gott schuf den ersten Menschen und setzte ihn in sein eigenes Paradies. Alles in diesem wundervollen Garten durften sie nutzen, nur die Früchte vom Baum des Lebens waren ihnen verboten. Aber sie aßen trotzdem von der verbotenen Frucht – und brachen damit Gottes Gebot, und die Sünde – der Ungehorsam – kam in die Welt. Deshalb vertrieb Gott Adam und Eva aus dem Paradies. Und die Sünde vermehrte sich mit den Menschen. Doch die Strafe für die Sünden der Menschen war der Tod.

Aber Gott hat auch versprochen, den Menschen aus Sünde und Tod zu erretten. In Römer 6, Vers 23 heißt es:

»Der Tod ist der Sünde Sold, aber die Gabe Gottes ist das ewige Leben, in Christus Jesus, unserem Herrn.«

Jesus Christus ist also der einzige Weg, den Gott vorgesehen hat, um die Menschheit von ihren Sünden zu befreien. Gott gab seinen einzigen Sohn, Jesus Christus, in den Tod, um uns zu retten:

»Siehe, das ist Gottes Lamm, welches der Welt Sünde trägt.« (Johannes 1, Vers 29)

»Ich bin der Weg und die Wahrheit und das Leben; niemand kommt zum Vater denn durch mich.« (Johannes 14, Vers 6)

»Gott erweist seine Liebe für uns darin, dass Christus für uns gestorben ist, als wir noch Sünder waren.« (Römer 5, Vers 18)

»Denn als Erstes habe ich euch weitergegeben, was ich auch empfangen habe: Dass Christus für uns gestorben ist für unsere Sünden nach der Schrift; und dass er begraben worden ist; und dass er auferstanden ist am dritten Tage nach der Schrift; und dass er gesehen worden ist von Kephas, danach von den Zwölfen.« (1. Korinther 15, Verse 3-5)

Nachdem ich diese Verse betrachtet hatte, war ich plötzlich wieder hellwach. Ich begriff, dass ich mein Heil nur in Jesus Christus finden konnte und dass ich ihn im Glauben annehmen musste. Denn so steht es in Epheser 2, Verse 8-9:

»Aus Gnade seid ihr selig geworden durch Glauben und das nicht aus euch, Gottes Gabe ist es, nicht aus Werken, damit sich niemand rühme.«

Was musste ich tun? Ihn anrufen und an ihn glauben. Denn Jesus sagte in der Offenbarung 3, Vers 20:

»Siehe, ich stehe vor der Tür und klopfe an. Wenn jemand meine Stimme hört und die Tür auftut, zu dem werde ich eingehen und das Abendmahl mit ihm halten und er mit mir.«

Ich kniete mich auf dem Boden nieder und begann zu beten: »Mein Gott, vergib diesem sündigen Knecht. Ich nehme dich als Herr und Retter an.«

Als ich mein Gebet beendet hatte, fühlte ich mich ganz erleichtert. Es war, als ob eine große Last von mir abgefallen wäre. Ich hatte den wahren Gott gefunden, und plötzlich war mein Herz voller Freude. Von dem Augenblick an, als ich meine Entscheidung getroffen hatte, glaubte ich an Jesus. Ich wusste aber auch: Sobald sie davon hörten, würden viele Leute glauben, ich ginge in die Irre.

Das Geständnis

Dann merkte ich, dass ich unbedingt ein bisschen Schlaf brauchte, denn am nächsten Tag wollte ich ja die Samstagnachmittags-Versammlung der Gemeinde besuchen. Als ich im Bett lag, konnte ich zuerst nicht einschlafen, weil ich in meinem Inneren eine so große Freude verspürte. Anstelle der Müdigkeit und der Zweifel der vergangenen Wochen und Monate kehrte in mir ein tiefes Gefühl des Friedens und der Ruhe ein. Und mit diesem Frieden schlief ich ein.

Als ich aufwachte, war es schon beinahe um die Mittagszeit. Ich duschte und aß etwas. Doch heute war ein Festtag für mich. Ich zog mich sorgfältig an und machte mich nach einem kritischen Blick in den Spiegel auf den Weg zur Kirche. Die Zeit der Versammlung rückte näher. Zum ersten Mal war ich mit Anzug und Krawatte in dieser Versammlung. Alle, die mich in dieser Aufmachung sahen, waren erstaunt und fragten: »Was ist denn los mit dir? Kommst du von einem besonderen Ereignis?« Ich erwiderte nichts darauf und lächelte nur. Aber anscheinend konnte man sehen, dass sich in mir etwas verändert hatte.

Die Versammlung begann, und der Pfarrer begann zu sprechen. Kaum war er mit seiner Ansprache fertig, hob ich die Hand und sagte, dass ich ein paar Worte an die Gemeinde richten wolle. Der Pfarrer stimmte zu und bat mich aufs Podium.

Es war nicht das erste Mal, dass ich aufs Podium trat, denn ich hatte ja schon viele Wochen vorher an diesen Versammlungen teilgenommen. Ein paar Sekunden lang blickte ich auf die Anwesenden und sah, dass sie auf ein Wort von mir warteten. Sie hatten ja keine Ahnung, was ich ihnen sagen wollte! Denn es war mir klar geworden, dass ich zuerst alles in Ordnung bringen musste, was ich vorher falsch gemacht hatte, zumindest das, wofür ich verantwortlich war. Und dazu gehörte auch, dass ich mich zu den unwahren Berichten bekannte, die ich über sie veröffentlicht hatte.

Ich schämte mich plötzlich zu sprechen. Ich hatte diese ehrlichen und wahrhaftigen Christen allesamt falsch eingeschätzt. Natürlich musste ich ihnen jetzt alles sagen und erklären. Denn wegen mir hatten sie viel Kummer und Schwierigkeiten erlebt.

Während ich jeden von ihnen ansah und mir diese Gedanken durch den Kopf schossen, ermunterte mich der Pfarrer, doch nun endlich mit meiner Rede anzufangen, weil alle darauf warteten, was ich wohl sagen wollte.

Ich schluckte ein paar Mal und begann, ihnen alles zu berichten:

»Ihr habt angenommen, dass ich ein armenischer Kaufmann bin. Dem ist aber nicht so. Ich stamme nicht aus einer christlichen, armenischen Familie. Ich bin von Beruf Journalist und kam nur deshalb zu euch, um euch wegen der illegalen Armenischen Terroristengruppe AZALEA auszuforschen! Dazu hatte ich einen Spezialauftrag von meiner Zeitung.

Ihr habt während der Zeit meiner Nachforschungen viel Kummer erlitten, weil ich viel Unwahres über euch geschrieben habe. Während der letzten Monate hat mich euer Verhalten mir und anderen gegenüber sehr beeindruckt. Es wurde mir bewusst, dass alles, was ich seit meiner Kindheit über die Christen in meinem Umfeld hörte, völlig falsch war.

Dann habe ich eine ganze Zeit lang sehr intensiv den Koran und die Bibel miteinander verglichen. Da merkte ich auf einmal, wie falsch und ungerecht meine Vorstellungen waren. Und natürlich stimmen auch meine Zeitungsberichte über euch nicht!

Nun fand ich während meiner Nachforschungen in der Bibel meinen wahren Herrn und Retter. Ich habe heute Nacht Jesus Christus als meinen Herrn und Erlöser angenommen und bin darüber sehr glücklich.

Deshalb möchte ich euch für das, was ich euch angetan habe, von ganzem Herzen um Verzeihung bitten. Aber wenn ich nicht als Spitzel hier gewesen wäre, hätte ich nicht meinen wahren Heiland und die Rettung aus Sünde und Schuld gefunden.«

Glauben leben

Nachdem ich das gesagt hatte, kniete ich mich hinter der Kanzel nieder und merkte, dass ich am ganzen Körper zitterte. Ich dachte: So, jetzt werden alle kommen und mich verprügeln! Ich blickte um mich und sah die Leute auf mich zukommen. Mir klopfte vor lauter Angst das Herz bis zum Hals. Ich bedeckte mein Gesicht mit beiden Händen und bebte vor Furcht.

Aber einige der Teilnehmer hoben mich einfach an den Armen hoch und begannen, mich zu umarmen und zu küssen! Sie sagten zu mir: »Du bist jetzt unser Bruder, und wir können dir niemals böse sein! Preis sei Gott, dass er sich dir durch sein Wort offenbart hat. Du bist uns willkommen, denn du warst verloren, und nun bist du wieder gefunden.«

Danach kam die ganze Versammlung und gratulierte mir. Alle waren sehr bewegt, am meisten ich selbst. Dann betete der Pfarrer noch für mich und sprach den Wunsch aus, dass mein Glaube wachsen möge. Schließlich gingen wir alle nach Hause.

Nachdem ich Jesus angenommen hatte, vollzog sich in meinem Herzen und Denken eine außergewöhnliche Veränderung. Mein Benehmen, meine Gedanken und mein Reden veränderten sich von Grund auf. Und es fiel auch gleich meiner Familie und meinen Freunden auf, dass ich mich in jeder Hinsicht gewandelt hatte.

Ich nahm zuerst an, dass für mich nun alles leichter und angenehmer werden würde, nachdem ich Jesus Christus angenommen hatte. Aber ich lebte immer noch als Mensch auf dieser Welt.

Der Satan begann sofort, mich anzugreifen, um mich zu Fall zu bringen. Das merkte ich bald, als ich begann, meiner Umgebung meinen neu gefundenen Glauben mitzuteilen und zu erklären. Dabei fühlte ich mich plötzlich ganz allein, denn die Menschen in meinem Umfeld waren damit nicht einverstanden. Ich versuchte, ihnen zu sagen, was mit mir geschehen war – vergebens.

Auch mein Vater, obwohl Atheist, war noch so von der islamischen Idee durchdrungen, dass er meinte: »Du gehst den falschen Weg!« Meine Mutter war und ist bis heute noch enttäuscht über meine Entscheidung und wünscht nichts sehnlicher, als dass ich wieder zum Islam zurückfinde. – Jesus Christus sagt dazu in Matthäus 10, Vers 38:

> »Und wer nicht sein Kreuz auf sich nimmt und mir nachfolgt, der ist meiner nicht wert.«

Und in Johannes 15, Vers 19 steht:

> »Wäret ihr von der Welt, so hätte die Welt das Ihre lieb. Weil ihr aber nicht von der Welt seid, sondern ich euch aus der Welt erwählt habe, darum hasst euch die Welt.«

Langsam begann sich all das, was Jesus in den Evangelien sagt, in meinem Leben zu verwirklichen. Denn auch meine Freunde gingen nicht mehr mit mir aus und setzten sich von mir ab.

Jesus reinigte mich von allen meinen Sünden durch sein Blut, das er für mich am Kreuz vergoss. Ich bemühte mich, nicht wieder die alten Sünden zu begehen. Deswegen musste ich mich von meiner früheren Umgebung trennen. Jesus sagt in Matthäus 7, Verse 13-14:

»Geht hinein durch die enge Pforte. Denn die Pforte ist weit und der Weg ist breit, der zur Verdammnis führt und viele sind es, die darauf gehen. Wie eng ist die Pforte und wie schmal ist der Weg, der zum Leben führt und wenige sind es, die ihn finden.«

Jesus ist der einzige Weg zum Heil. Er ist die Wahrheit und das Leben. Er ist der, der die Menschen mit Gott versöhnte. Gott sandte seinen Sohn auf die Erde, um seine Geschöpfe zu retten. Er starb am Kreuz, und mit seiner Auferstehung von den Toten bietet er auch uns neues Leben an.

Mein Gebet ist, dass mein Herr und Retter Jesus Christus alle Menschen zur Erlösung führt. Möge jeder zu dieser Wahrheit finden, die ich erlangt habe.

Christa L. Bolay

Die »Gute-Nachricht-Gruppe«

Mit diesem Zeugnis endet der Bericht von Mustafa Efe über seine Bekehrung. Da er jedoch als Türke in der Türkei lebt und arbeitet, wollte er sich mit weiteren Berichten über sein Ergehen nach seiner Bekehrung ganz zurückhalten. Er liebt sein Land und seine Landsleute und möchte niemand wegen seines Glaubens angreifen oder verurteilen.

Mein Mann und ich haben vor acht Jahren zum ersten Mal von Mustafa Efe und seiner Familie gehört, und zwar durch unseren ältesten Sohn. Unser Sohn war damals als Student in England und absolvierte einen so genannten »Crashkurs« in Englisch. Damals schrieb er uns: »Denkt euch nur, ich teile mein Zimmer mit einem türkischen Journalisten, der sich zum Christentum bekehrt hat.«

Wir lernten ihn, seine Frau Canet und ihre Tochter Bensu dann persönlich kennen, denn er besuchte uns auf unsere Einladung hin mehrmals in Deutschland, so wie auch wir schon mehrmals bei ihm in Istanbul zu Gast waren. Vor drei Jahren zeigte er mir in seinem Büro in Istanbul den Vorabdruck seiner Bekehrungsgeschichte in englischer Sprache. Diese Schrift wurde bereits in mehrere Sprachen übersetzt, aber sie ist natürlich in erster Linie für seine türkischen Landsleute gedacht.

Ich bot Mustafa Efe an, seine Geschichte auch ins Deutsche zu übersetzen, und da ich kein Türkisch kann, nahm ich mir die englische Ausgabe vor. Als ich mit der Übersetzung fertig war, wollte ich auch noch Einzelheiten Mustafa Efes Biografie dazu schreiben und so reisten wir Anfang des Jahres 2001 eine Woche nach Istanbul, um Mustafa Efe direkt zu befragen. Er war sehr erfreut und hat mir erlaubt, seine Geschichte so zu schreiben, dass sie für die deutschen Leser verständlich ist.

Auf mein Drängen, doch den deutschen Lesern noch ein bisschen mehr über den Ausgang der Geschichte mit seinem Chef zu berichten, erzählte er mir Folgendes:

»An jenem Samstag, als ich mich der christlichen Gemeinde als Verräter offenbart hatte, ging ich spätabends in mein Zeitungsbüro. Ich wusste ja, dass mein Chef einen großen Abschlussbericht mit meinen – gefälschten – Angaben veröffentlichen wollte. Zu meiner großen Erleichterung traf ich niemand mehr an, zumindest nicht in der Etage, in der sich die Büros der Journalisten befanden. Ich merkte, dass die Putzfrauen das Büro nicht abgeschlossen hatten, und ging hinein. Dabei machte ich machte ich nur spärlich Licht, setzte mich an den PC und löschte alle Berichte und Daten, die ich über die armenischen Christen gespeichert hatte. Dann fiel mir plötzlich ein, dass die Dia-Aufnahmen von den Gemeindemitgliedern noch im Schreibtisch meines Chefs lagen.

Ich suchte also mit einer Taschenlampe nach den Dias und fand sie auch gleich. Dann verwischte ich alle Spuren. Ich schloss die Tür wieder sorgfältig ab und machte mich aus dem Staub. Ich stand wie unter einem inneren Zwang, diese Unterlagen zu vernichten, und betete unaufhörlich, dass mir Gott helfen möge, weiteres Unheil, dass eine erneute Veröffentlichung mit sich bringen würde, zu verhindern.

Ich war also in der Tat ›fertig‹, mit dieser Sache und ging froh und erleichtert nach Hause. Doch am nächsten Morgen rief mich ein befreundeter Kollege an und forderte mich auf, sofort herzukommen. Aber ich hatte keine Eile und beschloss, einfach abzuwarten.

Am Montagmorgen rief mich mein Kollege nochmals an und sagte: ›Mustafa, man hat entdeckt, dass deine gesamten

Nachforschungen über diese christliche Gemeinde im PC ge-
löscht sind. Außerdem fehlen dem Chef die Dias, die in seinem Schreibtisch lagen. Alle Kollegen verdächtigen dich,
weil nur du allein mit dieser Sache beschäftigt warst. Komm
bitte her, es ist dringend!‹ Ich antwortete nicht viel, denn ich
war meinem Kollegen nach meiner Auffassung keine Rechen-
schaft schuldig.

Aber nach ein paar Tagen raffte ich mich doch auf, ins Zeitungsbüro zu gehen und mich dieser Anklage zu stellen. Ich
wusste, dass ich vor Gott und meinem Gewissen recht gehan-
delt hatte. Und ich wusste auch, dass sowohl mein Chef als
auch ich verpflichtet waren, als Journalisten nur die absolute Wahrheit zu berichten.

So bat ich Gott um Kraft und Stärke und machte mich auf
den Weg ins Zeitungsbüro. Ich ahnte, dass ich das Verlagsge-
bäude wohl zum letzten Mal betreten würde. Als mich die
Kollegen sahen, schüttelten sie nur den Kopf und schickten
mich gleich zum Chef. Der sah mich zornig an und fing
gleich an zu toben: ›Was fällt Ihnen ein, die ganze Reportage
zu löschen? Und wo sind übrigens die Dias aus meinem
Schreibtisch? Hatten Sie Frechheit, hier einzubrechen?‹
Dann überschlug sich seine Stimme, als er schrie: ›Ich könnte Sie umbringen!‹ Es folgten so wüste Beschimpfungen, dass
ich sie hier nicht wiedergeben möchte.

Als er eine Weile getobt hatte, forderte er mich auf, zu antworten. Ich war innerlich ganz ruhig und sagte mit fester
Stimme: ›Sie können diesen Bericht nicht bringen, weil Ihre
These falsch ist. Alles beruht auf falschen und unwahren Angaben. Die armenische Terroristengruppe AZALEA wurde
niemals von der Armenischen Kirche unterstützt. Und deshalb darf dieser Artikel nicht erscheinen!‹

Mein Chef sah mich fassungslos und mit offenem Mund
an. Dann fing er wieder mit seinen Beschimpfungen und Flü-
chen an: ›Sie sind gefeuert, lassen Sie sich nie mehr hier

*blicken!‹ Er wusste, dass ich Recht hatte, aber er konnte
nicht zugeben, mich auf eine falsche Fährte gesetzt zu haben.
Das ging gegen seinen Stolz. Gleichzeitig war er äußerst wütend, dass er mich nicht anzeigen konnte, weil er die Unwahrheit abgedruckt hatte.«*

Christliche Bücher fehlen

Nun erlebte Mustafa selbst erst alle Tiefen, in die ein Christ
unter Muslimen geraten kann. Er hatte seinen gut bezahlten
Job verloren. Das war nicht das Schlimmste, denn er schrieb
sofort Berichte unter einem Pseudonym für andere Zeitungen. Aber dass sich seine Familie und alle Freunde und Bekannten von ihm zurückzogen, tat ihm doch weh, und er
fühlte sich manchmal recht einsam. In jener Zeit stürzte er
sich neben seiner Arbeit wieder in sein Studium und belegte
in Ankara nur so aus Spaß das Fach »Umgang und Arbeit mit
Rundfunk und Fernsehen«. Dies sollte ihm später sehr zugu-
te kommen. 1987 bestand er – mit nur 22 Jahren – sein Ab-
schlussexamen als Journalist. Doch schon vorher – nach seiner Bekehrung – nahm er bei einem befreundeten Priester der
Katholischen Kirche ein privates Bibel- und Theologiestu-
dium auf. Der Priester hoffte, dass Mustafa später dazu bereit
wäre, ins Priesteramt einzutreten, und unterrichtete ihn auch
in Kirchengeschichte, Exegese, Bibelkunde usw. Doch Gott
führte ihn auf andere Wege.

Zu jener Zeit gab es nur eine einzige türkische Bibelüber-
setzung. Sie war sprachlich veraltet und schwer verständlich.
Und so musste sich Mustafa Efe sehr abmühen, um geistlich
voranzukommen. Auch sonstige christliche Literatur war nur
spärlich vorhanden.

Mustafas zukünftige Frau wurde etwa zur selben Zeit wie
er Christin, und zwar im Südosten der Türkei. Sie erhielt dort

ebenfalls Bibelunterricht von der Katholischen Kirche. Sie wollte Nonne werden und lebte vier Jahre in einem Kloster in der Nähe von Adana. Aber auch sie hatte Schwierigkeiten mit ihrem Glauben, weil es auch dort kaum christliche Bücher in moderner türkischer Sprache gab.

Ende 1990 schloss Mustafa einen Teil seines Bibelstudiums ab, das er nebenher in seiner Freizeit betrieben hatte. Er nahm Lateinunterricht und hatte den festen Vorsatz, Priester zu werden. In dieser Zeit begegnete er jedoch seiner späteren Frau Canet, die zu einer Tagung nach Istanbul gekommen war. Nach reiflicher Überlegung beschlossen beide, ihren Weg unter Gottes Führung gemeinsam zu gehen. So hielt sie der Herr davon ab, Priester bzw. Nonne zu werden.

Bis dahin waren beide aktive Mitarbeiter in der Katholischen Kirche. Beiden wurde aber klar, dass es in der Türkei viel wichtiger ist, überkonfessionell zu arbeiten. Ihre Ehe wurde in einer Evangelischen Kirche gesegnet. Mustafa arbeitete wieder als Journalist. Aber es war das große Anliegen der beiden, neue geistliche Aufgaben zu übernehmen. Und ihre Gebete wurden erhört: Auf einmal erschien ein Neues Testament in moderner türkischer Sprache.

Das war aber nicht genug, denn noch immer fehlte weitere christliche Literatur. Darunter litten beide sehr. Es gab nur einige wenige Schriften, die illegal – das heißt ohne behördliche Genehmigung – »im Untergrund« gedruckt und verbreitet wurden. Die Behörden beschlagnahmten diese Literatur oft, und manche Mitarbeiter dieser »geheimen« Verlage wurden auch ins Gefängnis gesteckt oder des Landes verwiesen.

Mustafa und Canet beteten um offene Türen für die offizielle Herstellung und Verbreitung von christlicher Literatur. Damals gab es zwei offizielle christliche Verlagshäuser. Um die Produktion und den Vertrieb von Bibeln insgesamt nicht zu gefährden, wurden offiziell nur Bibeln und Bibelteile sowie nicht provozierende Titel (wie z. B. die »Narnia«-Bände von C. S. Lewis) veröffentlicht, während eine andere Gruppe christliche Bücher inoffiziell herstellte.

Mustafa und Canet Efe bestürmten diese offiziellen Verlagshäuser, doch auch andere christliche Bücher zu drucken, aber ihre Bemühungen blieben zunächst erfolglos.

So wagten es beide schließlich – auch gegen den Widerstand einiger Freunde – einen eigenen christlichen Verlag zu gründen und aufzubauen. Dies geschah aber mit behördlicher Genehmigung. 1991 begannen sie ihre Arbeit als Verleger unter folgendem Motto: »*Wir lieben jedermann ohne Ansehen der Rasse oder des Glaubens, wir wollen mit jedermann unseren Glauben teilen und zwar aus einer von Achtung und Liebe zu unserem Herrn Jesus Christus geprägten Haltung.*«

Weiter heißt in der »Gründungserklärung«: »*Wir identifizieren uns mit den Grundsätzen und Auslegungen der Christenheit und zwar auf einer überkonfessionellen Linie (denn es macht wenig Sinn, Moslems die Unterschiede zwischen den vielen verschiedenen christlichen Denominationen zu erklären). Wir bieten unsere Dienste entsprechend den Geboten von Jesus Christus und der Heiligen Schrift an. Wir wollen uns jederzeit bemühen, nichts zu tun, was im Gegensatz zur Heiligen Schrift und der Liebe zu Jesus Christus steht. Wir versuchen mit glühendem Eifer, überall Gottes Wort auszubreiten.*«

Der »Gute Nachricht Verlag«

Der Entschluss, ein eigenes Verlagswerk aufzubauen, wurde in den vergangenen Jahren reich gesegnet. Der »Gute Nachricht Verlag« war das erste türkische Verlagshaus, das christliche Bücher in größerer Zahl offiziell herausgab, als es nur sehr wenige christliche Bücher in Türkisch gab. In der

Zwischenzeit hat der Verlag mit behördlicher Genehmigung über hundert christliche Bücher verbreitet. Mustafa und Canet Efe sind fest entschlossen, noch viel mehr Bücher herauszugeben. Mit Gottes Hilfe begann der »Gute Nachricht Verlag«, kostenlos Neue Testamente zu verteilen.

Jedes Jahr sind Mustafa und seine Frau Canet auf den Buchmessen in Istanbul, Izmir und Ankara mit einem eigenen Bücherstand vertreten. Sie bieten dabei kostenlos Bibeln und Traktate an und verkaufen die von ihnen herausgegebenen christlichen Bücher. Sie haben Verbindungen zu anderen christlichen Kirchen, auch zur Katholischen Kirche, zu christlichen Organisationen und kirchlichen Ämtern geknüpft und übersetzen und veröffentlichen deren Schriften und Traktate. Das Ziel ist dabei, mit der Genehmigung der Behörden überall in der Türkei christliche Literatur zu verbreiten. So werden die Leute auch direkt durch Zeitungsannoncen erreicht.

Auch ein Bibel-Korrespondenz-Kurs, der schon einige Jahre zuvor angeboten und vielen Türken zum Segen geworden war, konnte an den »Gute Nachricht Verlag« angegliedert werden. Auf diese Weise ließ sich dieser Kurs effektiver einsetzen und mit Hilfe vieler gläubiger Mitarbeiter noch weiter verbreiten.

Im Jahr 1993 erweiterte der »Gute Nachricht Verlag« seine Evangelisationstätigkeit und errichtete das erste christliche FM-Radio in der Türkei, das eine vom türkischen Staat genehmigte Lizenz besitzt. Andere Gruppen senden ihre christlichen türkischen Programme aus dem Ausland in die Türkei. Das FM-Radio sendet rund um die Uhr, also täglich 24 Stunden. Das Sendegebiet erstreckt sich über Istanbul hinaus auch auf die Marmara-Region. Damit wird etwa ein Viertel der türkischen Bevölkerung erreicht, da bereits in Istanbul und Umgebung ca. 20 Millionen Menschen leben.

Das Ziel von diesen Radiosendungen ist es, diejenigen zu

erreichen, die noch nie etwas vom Evangelium gehört haben, und ihnen die Bibel zu erklären. Alle Sendungen werden bewusst mit christlicher Musik untermalt und bieten viel Abwechslung wie beispielsweise:

- Nachrichten und Telefon-Live-Sendungen;
- Frauen- und Kinder-Programme;
- Radio-Gottesdienste am Sonntag;
- feste Sendezeiten für nicht türkisch sprechende Hörer (z. B. abends eine Stunde Programm auf Arabisch für die etwa 200.000 arabisch sprechenden Bewohner in der Region);
- Englisch-Kurse, in denen die biblische Botschaft erklärt wird.

Als Mustafa Efe und ich vor einigen Jahren die Buchmesse in Frankfurt besuchten, war auch die Türkei mit einem sehr repräsentativen Stand und vielen Verlagen vertreten. Einer der türkischen Messeteilnehmer erzählte mir lächelnd, dass er seine englischen Sprachkenntnisse in einem Englisch-Bibelkurs vom FM-Radio erworben habe. Natürlich war dieser Herr Muslim.

Mustafa Efe und andere haben das Projekt »Gute Nachricht bis 3000« gestartet. Dabei haben sie mit einigen hohen türkischen Regierungsbeamten über die Förderung vom so genannten »Glaubenstourismus« verhandelt. Ausländische Touristen sollten ermutigt werden, die Türkei zu besuchen. Mustafa Efe wollte diesen christlichen Touristen besondere Treffen, Konzerte und Seminare anbieten, die gleichzeitig auch von der einheimischen Bevölkerung besucht werden können. Außerdem plante er Reisen »Auf den Spuren des Apostels Paulus« und zu den Orten, an denen sich einmal die sieben Gemeinden der Sendschreiben befunden haben. Während Mustafa Efe darüber mit der türkischen Regierung verhandelte, hatte er zum ersten Mal Gelegenheit, offiziellen Regierungsmitgliedern und Ministern Neue Testamente anzubieten. Auch der damalige Präsident Demirel nahm eine Bibel an. Die Regierung genehmigte schließlich das ganze Projekt, aber natürlich ohne finanzielle Unterstützung.

Mein Mann und ich nahmen im Frühjahr 1999 als einzige Deutsche an einer solchen »Auf den Spuren des Apostels Paulus«-Reise teil. Sie ging von Antalya aus, wo von einem kleinen Schiff die Ankunft des Apostels und seiner Begleiter im Hafen von Antalya inszeniert wurde. Die Reisegesellschaft war international: Engländer, Franzosen, Belgier, Holländer, Italiener, Griechen, Österreicher, Amerikaner, Südafrikaner, Koreaner, Chinesen und wir. Außerdem nahmen an dieser ersten offiziellen Reise ein Abgesandter des Vatikans sowie die Patriarchen der Syrisch-Orthodoxen Kirche, der Griechisch-Orthodoxen Kirche und der Armenischen Kirche und ein Regierungsvertreter aus Ankara teil.

Wir wurden bei jedem Aufenthalt unterwegs von den Bürgermeistern und den Gouverneuren begrüßt. Das Programm beinhaltete als besonderen Höhepunkt einen überkonfessionellen Gottesdienst in Yalvac/Pisidien in der Nähe der Ausgrabungen von Antiochia. Dort hatte der Bezirksgouverneur zum Andenken an den Apostel Paulus als Zeltmacher ein rechteckiges Zelt aus Ziegenhaaren anfertigen und aufstellen lassen, in dem der Gottesdienst stattfand. Wir fühlten uns damals mit allen Beteiligten wirklich »eins in dem Herrn«! Abends fand in dem riesigen Amphitheater ein wundervolles Gospelkonzert statt, das vor allem die einheimische Jugend begeisterte. Zum Abschluss dieser Reise trafen wir in der Universitätsstadt Isparta ein, wo Studenten ein eindrucksvolles Programm darboten und wir – da viele Englisch sprachen – mit ihnen über unseren christlichen Glauben diskutieren konnten.

Doch durch die wiederkehrenden Bombendrohungen der radikalen Moslems wird Mustafa Efe in absehbarer Zeit aus Sicherheitsgründen keine solche Reise mehr planen und durchführen können. Wenn wir ihn darauf ansprechen, meint er ganz demütig: »Das liegt allein in Gottes Hand.«

Darüber hinaus gibt es seit drei Jahren den »Jesus-Film« auf Kurdisch. Kurdisch war in der Türkei lange Zeit eine verbotene Sprache, und es war bis vor kurzem verboten, irgendetwas auf Kurdisch zu veröffentlichen. Aber der »Jesus-Film« auf Kurdisch ist der einzige Film, der von der türkischen Regierung genehmigt wurde. Von diesem Film gibt es auch noch ein Video, das zusätzlich in einen anderen kurdischen Dialekt übertragen wurde.

In Verbindung mit dem »Gute Nachricht Verlag« bietet die ICI-Universität mit Sitz in Dallas/Texas in der Türkei ein Theologie-Studium an. Diese Universität hat die Erlaubnis, türkischen Christen eine theologische Ausbildung in der Türkei zu ermöglichen. So kann man heute in der Türkei offiziell Theologie studieren, ohne deshalb wie früher ins Ausland gehen zu müssen. Die »Gute-Nachricht-Gruppe« ist selbstverständlich auch im Internet präsent.

Repressalien

Seit den Ereignissen vom 11. September 2001 hat sich die Einstellung vieler Muslime gegenüber den Christen verändert. In der Türkei wurden die Angriffe der Medien auf missionarisch aktive christliche Gruppen heftiger. Als Folge des Drucks von Seiten islamitischer Bevölkerungsgruppen sind manche Christen und zum Teil ganze Gemeinden und evangelistisch aktive Gruppen in der Türkei von den Behörden schärfer überwacht und Repressalien ausgesetzt worden – auch Mustafa und Canet Efe. Einigen Gemeinden hat man verboten, weiter Gottesdienste abzuhalten. Es wurde eine Vorschrift erlassen, dass Gottesdienste nur in kircheneigenen Gebäuden abgehalten werden dürfen und nicht zum Beispiel in gemieteten Räumen. Gegen dieses Verbot haben die Gemeinden bei der türkischen Justiz geklagt.

Mustafa Efe wurde mehrmals aufgefordert, das Verteilen von kostenlosen Neuen Testamenten zu unterlassen, und zwar mit der Begründung: »Kein Mullah kann kostenlos den Koran verteilen!« Ebenso ist die Verbreitung des kurdischen Jesus-Video verboten worden.

Trotz all dieser Widerstände hat es Mustafa Efe Ende November 2001 zweimal gewagt, im öffentlichen Fernsehen einen Fernsehspot über die christliche Botschaft zu bringen. Daraufhin brach in Istanbul ein Sturm der Entrüstung los. Er wurde öffentlich als Verräter seines früheren »rechten« Glaubens beschimpft und in vielen Zeitungsartikeln wiederholt angegriffen. Die Stimmung heizte sich Anfang Dezember 2001 derart auf, dass er aufgrund vieler Mord- und Bombendrohungen (meist anonym am Telefon) für sich, seine Familie und seine Mitarbeiter Polizeischutz beantragen musste. Der Sturm ebbte dann auch ab, weil man ihm nichts Ungesetzliches nachweisen konnte. Doch die Finanzverwaltung begann, seine Buchführung zu prüfen. Aber sie war einwandfrei, und man konnte ihm nichts nachweisen. Dennoch wurde er wiederholt von den Behörden gewarnt.

Da in der Türkischen Verfassung aber das Recht auf freie Religionsausübung verankert ist, erhob Mustafa Efe mit Hilfe eines Rechtsanwaltes Klage beim Obersten Türkischen Gerichtshof auf freie Religionsausübung. Nach diesem Recht muss innerhalb von 30 Tagen eine Urteilsfindung folgen, die jedoch immer wieder um 30 Tage verlängert werden kann. Erst im Dezember 2002 fand die letzte Verhandlung statt, das Urteil durfte aber noch nicht offiziell bekannt gegeben werden.

Im April 2002 wurde ein türkischer Arzt verhaftet, der mehrere Attentate vorbereitet hatte, unter anderem auf den Ministerpräsidenten und hohe Regierungsbeamte. Als letzte

Person wollte er mit einem Messer die Frau »abstechen«, die immer kostenlos auf den Buchmessen Bibeln verteilt: Canet Efe! Als Canet Efe von diesem Mordanschlag hörte, bekam sie einen Nervenzusammenbruch und war lange Zeit unfähig, ihrer Arbeit im Verlag nachzugehen.

Die türkische Polizei hat Ende Dezember 2002 erneut von einem geplanten Bombenattentat auf Mustafa Efe und seine Familie erfahren. Die Lage war an Silvester 2002 sehr kritisch, denn sowohl vor seinem Wohnhaus als auch vor seinem Bürogebäude befand sich ein großes Polizeiaufgebot, außerdem wurde sein Telefon gesperrt. Er wurde aufgefordert, sein Auto nur auf bewachten Parkplätzen zu parken und vor dem Einsteigen immer nachzusehen, ob sich unter dem Auto kein verdächtiges Paket befindet!

Wir wissen nicht, wie sich die Lage für unsere bedrohten Freunde in der Türkei weiter entwickeln wird. Deshalb beten wir weiter dafür, dass Gott ihnen täglich beisteht und weiterhilft.

Den Efes wird auch vorgeworfen, Feinde des Islam aus dem Ausland einzuschleusen – gemeint sind ihre Freunde aus Deutschland oder Amerika. Außerdem überziehen die Behörden sie mit allen möglichen Geldstrafen, unter anderem auch mit überhöhten Lizenzgebühren für den Radiosender FM. Denn das tägliche christliche Radioprogramm ist den Muslimen der größte Dorn im Auge.

Wir kennen Mustafa und Canet Efe als sehr bescheidene und liebenswerte Menschen, deren größtes Anliegen es ist, zur Ehre Gottes ihren türkischen Landsleuten das Evangelium von Jesus Christus zu bringen. Sie werden um ihres Glaubens willen verfolgt und leiden auch für uns stellvertretend.

Mustafa und Canet Efe wurde mit ihrer Tochter Bensu schon in Griechenland und in den USA Asyl angeboten, was sie aber ablehnen. Denn sie sind türkische Christen und wollen trotz Bombendrohungen in ihrem Land bleiben.

Anschrift von Good News Ministries

Müjde Yayincilik Ltd. St. – Good News Ministries
Visne Sokak No. 4/11

Kadiköy/Istanbul – Türkei

Tel./Fax: +90-216-349 85 29
e-mail: gnmmujde@ superonline.com
Internet-Homepage: http://www.gnmmujde.com

Ulrich Neuenhausen

Koran oder Bibel –
Auf der Suche nach der Wahrheit

Viele Gespräche mit Muslimen enden beim heiligen Buch des Islam: dem Koran. Wie eine Mauer steht dieses Buch als letzte Grenze in jeder Diskussion. Obwohl sowohl Christen als auch Muslime davon ausgehen, dass ihre heiligen Bücher inspiriert sind, denkt ein Muslim deutlich anders vom Koran als der Christ von der Bibel.

Der Koran ist ein heiliges Buch, so wie die Christen die Bibel als heilig betrachten, und doch ist er etwas ganz anderes als die Bibel. Muslime glauben:

– Der Koran wurde nicht von Menschen geschrieben, sondern von Allah persönlich.
– Der Koran wurde nicht zu einer bestimmten Zeit geschrieben, sondern existierte schon immer bei Gott.
– Der Koran wurde nicht an einem bestimmten Ort geschrieben, sondern kam direkt vom Himmel, um auf Erden von einem Auserwählten Gottes gelesen, gelernt und aufgeschrieben zu werden.

Das heilige Buch der Muslime hat also keinen direkten Bezug zu Raum und Zeit dieser Welt, sondern gehört zu einer anderen Welt und wurde durch die Gnade Gottes für eine gewisse Zeit einem Menschen geöffnet und zum Lesen zur Verfügung gestellt: Dieser Mensch hieß Mohammed.

Die Inhalte des Korans, die Mohammed zu lesen bekam, wurden nicht als Berichte von Ereignissen aus der Geschichte verfasst. Sie sind in diesem Sinne zeit- und geschichtslos. Zwar finden sich Kommentare und Anweisungen zu Situationen aus dem Leben Mohammeds. Doch wurden diese schon festgelegt, bevor es Mohammed gab. Und Allah entwarf das Buch so, dass es genau zu Mohammeds Leben passen würde.

Mohammed konnte selbst nicht lesen. Er wurde trotzdem aufgefordert, zu rezitieren. Das ist die Bedeutung von *Qur'-an*: »Rezitiere!« Ein Engel nahm ihn dreimal so fest in die Arme, dass er es fast nicht aushalten konnte. Dann war er in der Lage, den Text zu lesen, den der Engel ihm zeigte.

Die Worte, die Buchstaben, der Stil und die Intonation des Korans, sie alle gelten den Muslimen als heilige, als eine göttliche Sprache. Ähnlich wie Mohammed sind viele Muslime nicht in der Lage, Arabisch zu lesen. Da aber Arabisch die göttliche Sprache ist, lernen sie den Koran in dieser Sprache auswendig. Sie glauben, dass diese Worte und Kapitel eine bedeutende Schrift sind, weil sie von Gott kommen. Bei vielen Muslimen haben sich in der Folge dieser Auffassung abergläubische Praktiken entwickelt: Koranverse werden in Leder eingenäht und auf Wunden gelegt, oder Suren werden zum Schutz vor Attacken böser Geister rezitiert.

Kein Muslim zweifelt daran, dass der Koran direkt von Gott offenbart wurde und somit Gottes Wort in Reinform ist. Im Vergleich zur Bibel wird der Koran als besser inspiriert aufgefasst. Er wurde direkt von Gott geschrieben, während die Bibel von Menschen geschrieben wurde. Er kam direkt vom Himmel, während die Bibel erst nach und nach auf der Erde entstand. Der Koran ist deshalb auch fehlerlos, weil kein Mensch irgendwie mitwirken konnte. Die Bibel dagegen kann nach Auffassung der Muslime durchaus Fehler enthalten, die sich beim Aufschreiben eingeschlichen haben.

Diese Auffassung führt zu einer Abwertung der Bibel gegenüber dem Koran. Wenn es Widersprüche zwischen Koran und Bibel gibt, dann ist logischerweise immer die Bibel im Unrecht, weil sie minderwertiger als der Koran ist. Zwar sind auch das Neue Testament, die fünf Bücher Mose und die Psalmen nach Ansicht der Muslime auf Gott zurückzuführen, doch dann wurden diese Bücher verfälscht, so dass sie in Widerspruch zum Koran gerieten.

Folgende Beiträge im Forum *deutsche-muslima.de* machen dies deutlich:

Abu Imran, 31.07.2001
»Ehrlich gesagt, wollte ich einfach die Position von Christen zu diesen Fragen kennen lernen und wie sie in dieser Hinsicht argumentieren. Dass die Bibel verfälscht ist, ist so und so in meinem Glauben durch den Quran fest verankert, dafür brauche ich persönlich keine Belege aus der Bibel.«

Abu Imran, 29.08.2001
»Da die alten Schriften in unseren Augen im Laufe der Zeit verändert und verdreht wurden, können wir nur das bestätigen, was mit dem Islam übereinstimmt. Alles, was dem Islam hingegen widerspricht, leugnen wir und lehnen es ab. Wenn jedoch kein Widerspruch zum Islam zu sehen ist, sind wir neutral, denn wir wissen nicht, ob es dann eine Unwahrheit oder eine Wahrheit von Gott ist. Wir lehnen also in so einem Fall weder ab noch akzeptieren wir. Wenn wir akzeptieren, akzeptieren wir vielleicht eine Lüge, und wenn wir ablehnen, lehnen wir vielleicht eine Wahrheit, ein Wort Gottes, ab.«

Widersprüche zwischen der »eigentlichen« Bibel und dem Koran sind demzufolge nicht möglich, weil ja die Propheten, Abraham, Mose, Jesus und viele andere Muslime waren, die das Gleiche verkündigt hatten wie Mohammed: Es gibt nur einen Gott, dem man dienen darf. Der Islam ist also mindestens so alt wie Abraham, aber endgültig offenbart erst durch Mohammed, den größten der Propheten. Judentum und Christentum sind Vorstufen zum Islam. Juden und Christen sind allerdings zu stolz, um zuzugeben, dass ihre Propheten ja auch schon Muslime waren. Die Propheten der Bibel haben sogar auf Mohammed hingewiesen, wenn sie davon sprachen, dass nach ihnen jemand kommen wird, der lehren und prophetisch reden wird. Auch aus diesem Grunde kann eine Abweichung des Korans von der Bibel nur bedeuten, dass die Bibel verfälscht ist.

Der Respekt eines Muslim vor dem Koran äußert sich in ganz konkreten Dingen:

- Der Koran wird niemals auf den Boden gelegt; er liegt normalerweise auf der höchsten Stelle im Zimmer, beispielsweise auf dem Schrank.
- Der Koran ist meist in ein Tuch eingeschlagen.
- Oft wird er als Zeichen der Hochachtung geküsst.
- Niemals schreibt man etwas in den Koran hinein oder markiert Koranverse.
- Frauen dürfen während ihrer Menstruation den Koran nicht berühren.
- Koranverse dürfen nicht vernichtet werden; dem strengen Muslim ist es also nicht möglich, eine Zeitung ins Altpapier zu geben, in der Koranverse abgedruckt sind.
- Viele Muslime akzeptieren auch heute nur den arabischen Koran. Oft lernen sie ihn komplett auswendig. So gibt es in nicht-arabischen Ländern Menschen, die den Koran auswendig in Arabisch aufsagen können, jedoch kein Arabisch verstehen.

Muslime sind befremdet, wenn sie sehen, wie wenig ehrfurchtsvoll Christen mit der Bibel umgehen. Dahinter verbirgt sich jedoch ein unterschiedliches Verständnis, das auf die Entstehung beider Religionen zurückgeht.

Schon der jüdische Glaube ist nicht »vom Himmel gefallen«. Der Gott Israels ist ein Gott, der sich in der Geschichte, also *in* Raum und Zeit offenbart. Der Gott Israels fordert Abraham auf, seine Heimat zu verlassen, gibt ihm Reichtum und begleitet ihn auf der Wanderschaft. Er schenkt dem uralten Abraham und seiner Frau einen Sohn, er segnet Israel in

Ägypten und begleitet es durch die Wüste in Form einer Wolke. Er donnert, er spricht, er tröstet, er straft. Seine Worte haben mit der politischen und persönlichen Situation von Menschen zu tun.

Gott steht nicht vor der Welt wie ein Kind vor dem Aquarium. Gottes Botschaften sind keine rätselhaften Zeichen am Horizont, quasi hinter dem Glas des Aquariums. Gott kommt in die Welt hinein. Er ist mitten unter uns.

Auch die Christen kennen ein Wort Gottes, das schon ewig existierte, wie der *Koran,* und das auf die Erde kam. Doch dieses Wort, so betont der Evangelist Johannes ausdrücklich, wurde nicht Papier und Buchstabe, sondern *Fleisch* (Johannes 1,1+14). Dieses Wort wurde Jesus Christus. Deshalb verehren Christen nicht die Bibel, sondern Jesus Christus. Die Bibel, das Wort Gottes, ist nur ein Mittel zum Zweck: nämlich uns mit Jesus Christus bekannt zu machen.

Dieser Unterschied drückt sich sehr deutlich aus, wenn man die Bibel eines Christen betrachtet, der regelmäßig darin liest: Oft sind bestimmte Worte unterstrichen oder markiert, Parallelstellen oder Erklärungen dazu geschrieben. Für einen Muslim bedeutet das, dass Christen die Bibel nicht genug verehren und meinen, sie müssten sie ergänzen. Ein Christ versteht dies so, dass Gott ihm durch die Bibel Christus nahe gebracht hat, und deshalb macht er sich in der Bibel Notizen oder Markierungen, um nicht zu vergessen, was er durch Gottes Geist verstanden hat.

Nicht selten entsteht zwischen Christen und Muslimen Streit darüber, welches Buch nun »inspirierter« sei: der *Koran* oder die *Bibel.* Die Zuverlässigkeit und Nähe zu Gott wird diskutiert, doch man kommt zu keinem Ergebnis. Das hat im Wesentlichen zwei Gründe:

1. Zum einen liegt es daran, dass man zwar den Koran kritisieren kann, nicht aber den Glauben an ihn. Jede Art von Kritik am Koran, an seinem Text oder an seiner Histori-

zität (also Textkritik oder historische Kritik) ist ein Angriff auf den Glauben der Muslime. Deshalb ist ein Muslim überhaupt nicht bereit, den Koran durch kritische Untersuchung in den Schmutz ziehen zu lassen. Im Grunde ist sogar jede Kritik am Koran wie eine Kritik an Gott selbst. Wer also über oder gegen den Koran diskutieren möchte, der verhält sich in den Augen der Muslime wie ein Atheist, der Gott nicht respektiert. Anders gesagt: Gott und Koran bzw. Allah und Koran werden im Islam so sehr als eins gesehen, dass im Grunde nur ein Gottloser es wagen kann, etwas gegen den Koran zu sagen, geschweige denn zu tun. Jede Diskussion, die Zweifel am Koran ausdrückt, wird deshalb sofort mit dem Hinweis auf die Göttlichkeit und Zuverlässigkeit des Korans abgebrochen.

2. Zum anderen liegt eine grundsätzlich unterschiedliche Auffassung von inspirierter Schrift vor. Die Bibel ist Gottes Wort, das die Offenbarung Gottes in Jesus Christus bezeugt. Der Koran ist die Offenbarung Gottes als solche. Er verweist nicht auf einen Mittler zwischen Gott und Menschen oder einen Weg zu Gott, er ist der Mittler und der Weg: Wer tut, was der Koran sagt, der kommt zu Gott. Aufgrund dieses unterschiedlichen Vorverständnisses reden Christen und Muslime oft aneinander vorbei, wenn sie über die Inspiration der Bibel reden.

Muslime versuchen des Öfteren, historische Fehler in der Bibel nachzuweisen. Dadurch erscheint ihnen die Bibel weniger glaubwürdig als der Koran. Was Muslime dabei jedoch übersehen, ist der grundsätzliche Ansatz der Bibel, sich überhaupt mit der Geschichte des Menschen zu beschäftigen. Der Koran als »geschichtsloses« Buch kann ja keine »Geschichtsfehler« enthalten. Das gleiche Problem ergibt sich beim literarkritischen Ansatz. Da die Bibel Gottes Wort ist, aber von Menschen geschrieben, lassen sich kulturell und literarisch bedingte Stilformen in der Bibel identifizieren.

Für den Muslim ist eine literarkritische Untersuchung des *Korans* aber nicht denkbar, weil ja kein Mensch, sondern Gott selbst der Autor ist. Wer also menschlichen Stil im Koran entdecken will, der ist schon ein »Ungläubiger«. Es verwundert deshalb nicht, dass selbst muslimische Wissenschaftler, wenn sie denn rational und kritisch an den Text des Korans herangehen, aus der Glaubensgemeinschaft der Muslime ausgeschlossen werden. Wer einen Muslim nach wissenschaftlicher Literatur über den Koran fragt, erhält denn auch fast immer apologetische Literatur, nämlich Bücher von überzeugten Muslimen, die sich noch vor der Untersuchung des Korans die Verteidigung ihres Glaubens vorgenommen haben. Eine objektive Diskussion ist unter solchen Umständen weder möglich noch sinnvoll.

Ein Dialog zwischen Muslimen und Christen kann deshalb nur zum gegenseitigen Verstehen führen, wenn der Christ versteht, was der Koran dem Muslim bedeutet, und dann wiederum bezeugt, was Jesus Christus für ihn bedeutet.